Desde mis poemas

Letras Hispánicas

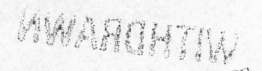

Claudio Rodríguez

Desde mis poemas

Don de la ebriedad
Conjuros
Alianza y Condena
El vuelo de la celebración

Edición del autor

TERCERA EDICION
[3er printing]

CATEDRA

LETRAS HISPANICAS

Cubierta: Joaquín Pacheco

© Claudio Rodríguez
Ediciones Cátedra, S. A., 1990
Josefa Valcárcel, 27. 28027 Madrid
Depósito legal: M. 30.116-1990
ISBN: 84-376-0388-9
Printed in Spain
Impreso en Anzos, S. A.
Fuenlabrada (Madrid)

Índice

DON DE LA EBRIEDAD

Libro primero

Libro segundo

Libro tercero

CONJUROS

Libro primero

Libro segundo

Libro tercero

Libro cuarto

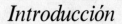

Introducción

A manera de un comentario

«En mi vida me he visto en tal aprieto.»
Encargo embarazoso, y, desde luego, inútil. Porque lo que me ha sorprendido al releer mis versos es la carencia de familiaridad hacia ellos. No es que sea inconsciente de mi paternidad, sino que las posibles especificaciones críticas o, al menos, aclaratorias, se presentan como nebulosas. El grado de acercamiento hacia mi obra, en mi caso, es lejano.

Si la poesía, entre otras cosas, es una búsqueda, o una participación entre la realidad y la experiencia poética de ella a través del lenguaje, claro está que cada poema es como una especie de acoso para lograr (meta imposible) dichos fines. Y, también, en consecuencia, que a lo largo del tiempo, del cambio —cambio personal, cambio histórico— el autor no puede darnos sino unas orientaciones volanderas acerca de sus palabras. Lo cual no es renegar, borrar, hacer o rehacer, sino aceptar la fluencia de la vida.

Hace años avisé de dos obvios peligros: uno, el que acecha al desviar la atención hacia otras zonas extranjeras al territorio de los poemas que siguen, lo que puede influir en el encuentro con ellos. El otro: que se mire que el poeta no puede registrar, en la declaración de su

13

creación, su experiencia poética sino, a lo sumo, una serie de abstracciones, de juicios y prejuicios más o menos cercanos a ella.

En fin, que no se puede contemplar la propia autopsia. Delito al fin y al cabo.

Cuando comencé a escribir *Don de la ebriedad* tenía diecisiete años. Dos datos suficientes para orientar al lector. Poesía —adolescencia— como un don; y ebriedad como un estado de entusiasmo, en el sentido platónico, de inspiración, de rapto, de éxtasis, o, en la terminología cristiana, de fervor. Claro está que no puedo reproducir dichas sensaciones, pero sí aclarar que mis primeros poemas brotaron del contacto directo, vivido, recorrido, con la realidad de mi tierra, con la geografía y con el pulso de la gente castellana. zamorana.

¿Se trata de una Poesía de la Naturaleza, como decían los tratadistas del siglo XVIII? O bien ¿se trata de una poesía regeneracionista, analítica, social, como se escribía hace años, de la situación histórica de Castilla (Unamuno, Antonio Machado al fondo)? Ni es la «Castiella la gentil», del *Poema del Cid* ni tampoco la Castilla miserable, andrajosa, etc. Mal sabía, junto a mis pasos, que el paisaje y los hombres alentaban mis primeras andanzas o aventuras, y mi manera de escribir. Estos poemas se realizaron con una ausencia de conocimiento, en su posible concreción o articulación. De aquí, su indudable tono irracional. Grave problema, que tan sólo sugiero. (¿La experiencia es concreta?).

Un breve comentario. Cuando Plotino reflexiona acerca de la «llamada Naturaleza es un alma, producto de un alma anterior que poseía una vida más potente...», nos puede llevar a lo que llamaría la presencia de las cosas y de su interpretación a través de la palabra, junto al canto. No era consciente, repito, de que la contemplación viva entraña un acercamiento y un alejamiento ante el misterio de la realidad y de la posibilidad, digámoslo así, del conocimiento intuitivo de ella. De aquí, que la ignorancia, en el sentido más revelador, informe e invente estos poemas:

Las imágenes, una que las centra
en planetaria rotación, se borran
y suben a un lugar por sus impulsos
donde al surgir de nuevo toman forma.
Por eso yo no sé cuáles son éstas.

¿Mi ignorancia era sabiduría? No sabía entonces, ni ahora, que la contemplación, que es pensamiento, entraña moralidad y que mis caminatas por los campos de mi tierra iban configurando y modificando, a la vez, mi visión de las cosas y la de mi propia vida (historia o leyenda de la cual no quiero acordarme. Que esto quede claro).

Entonces, pisando en la manifiesta irracionalidad de este primer peldaño, sucede que «siempre me vienen sombras de algún canto» y que ese canto intenta ser «corpóreo», e incluso, si se oculta «la claridad naciente», el castigo, el peligro, el sufrimiento, al lado de la persuasión de las formas de la materia, uno se puede confundir. Pero esta confusión «que no desaparece porque nadie la crea», se realiza, puede hacerse tangible:

Como avena
que se siembra a voleo y que no importa
que caiga aquí o allí si cae en tierra,
va el contenido ardor del pensamiento
filtrándose en las cosas, entreabriéndolas,
para dejar su resplandor, y luego
darle una nueva claridad en ellas.

Se intenta, por tanto, alcanzar lo inasequible.

¿Con qué ciencia de la entrega: interior, externa? En el fondo se esta escudriñando, tanteando, «un resplandor definitivo». ¿Una cosecha malograda?

Volviendo a otro plano: la expresión de dichos límites, entre la transparencia y la opacidad, tiene sentido a través de una técnica, por decirlo así; de las posibilidades rítmicas, sintácticas, léxicas del lenguaje, etc.

Me estoy preguntando ahora el por qué escribí este poema (porque se trata de un solo poema, dividido arbitrariamente en fragmentos) en endecasílabos asonantados. (Excepto dos de ellos, con rima libre.) Sin embargo, hay que tener en cuenta, en primer lugar, que el ritmo del lenguaje oral, del cual yo partí, y no tan solo de el del lenguaje escrito, conduce a la cercanía de la palabra con el espíritu: a la «música vital» (perdón por la cursilería y por la imprecisión). A la inspiración. Hacia «si llegases de pronto, ¿qué diría?»

La voz, la palabra humana, va excavando un cauce que puede, a veces, llegar hasta «el oráculo del sueño» o a la creación del ritmo de las cosas, o de la intimidad más inefable.

El merodeo hacia la exactitud, quizá, del estilo, puede adquirir varios matices, varios resultados que, generalmente, se atribuyen a los cánones o sistemas expresivos. Un endecasílabo no es el mismo si lo escribe Quevedo o X, o un octosílabo no actúa lo mismo en un romance infantil, o trádicional, o de ciego, o de Lorca, que en X, etc. El estilo, pues, consiste en la personalidad. En lo que he apuntado antes. En la calidad del espíritu expresado.

La plena vicisitud, o posibilidades o innovaciones, pueden conducir a la saturación del desconocimiento expresivo. Gran parte de la poesía contemporánea —y no tan sólo española— queda coja, inválida, y no únicamente por la absurda denominación de «verso libre», sino por la distancia esencial del lenguaje ante las cosas. Cosas que me avisaban, me iban acompañando, alumbrando, y cegando: «la avidez de atreveros a decir "manzana" o contemplar como Santa Teresa de Jesús "mucho tiempo lo que es el agua". La nube aquella»:

> Si se acercarse a mí, si me inundara
> la vida con su vida tan intensa...
> No lo resistiría. Pero ¿acaso
> alguien es digno de ello?

La forma de la materia, de su actividad que se serena, o late de una manera fulminante, como un asalto que hay que conectar, tejer. Lo que el hombre ignora. Y es necesario que el volumen oscuro del devenir, tenga una situación. *Conjuros,* mi segundo libro. «A una viga de mesón», «Con media azumbre de vino», «Ante una pared de adobe», etc.

El soñar es sencillo pero no el contemplar. San Juan de la Cruz sabía que el vuelo de la paloma tiene tres tiempos. Templar. Casi como en los toros (por aquellos tiempos de andurriales y de campo abierto). La velocidad y la armonía, los talleres, el crisol y el olor de los metales, y de los pueblos, y aquellas mañanas, tan remediadoras, después de la luz, o aquel sobaco... Pero de lo que se trata es de la aventura. La poesía es aventura —cultura. Aventura o leyenda, como la vida misma. Fábula y signo. Y temple, repito, en vibración como fondo del misterio.

> ¿Por qué desplaza el mismo aire el gesto
> de la entrega o del robo,
> el que cierra una puerta o el que la abre,
> el que da luz o apaga?
>
> ---
>
> ¿Qué clara contraseña
> me ha abierto lo escondido? ¿Qué aire viene
> y, con delicadeza cautelosa,
> deja en el cuerpo su honda carga y toca
> con tino vehemente ese secreto
> quicio de los sentidos donde tiembla
> la nueva acción, la nueva
> alianza? Da dicha
> y ciencia este suceso.

Porque no poseemos, vemos. Agujas sin ojo, o alfileres sin cabeza. Donde se juntan el sosiego y la fiebre, donde nunca se toca la sutura, que puede ser un remiendo o un bordado, entre los sentidos y la apariencia de ellos, o el fósil del uso, o el nido y la tormenta o la madera donde la salvación es engaño, o hasta violencia o escombro.

Sucesos políticos y familiares me influyeron de manera muy herida, aún no cicatrizada. (Estoy fallando. No quiero hablar de mi biografía.)

> Pobre de aquel que mire
> y vea claro, vea
> entrar a saco en el pinar la inmensa
> justicia de la luz.
>
> Pobre de aquél que vea
> que lo que une es la defensa, el miedo.

El cepo de la sociedad, o la desbandada de tantas personas, y la insurrección importante del hombre, se alían, con la situación personal, en una valoración general. Y, sobre todo, sentimental. Todo lo contrario de lo que dice Hegel: «el hombre, en su Naturaleza íntima, deviene él mismo obra de arte».

Si la palabra humana es hospitalaria, o, lo más frecuente, cerrada o crítica, escrita desde el rencor o la envidia, con la naturaleza envenenada en sí misma —no como salvación— sino como algo folklórico, anecdótico, con frecuencia (o superficialmente cultural, o de «escritura», como se dice ahora: ¡como algo notarial o evangélico!) entonces la vivacidad del hilo «se rompe», entre la realidad y la intimidad. Se encuentran ambas en *Alianza y Condena*, mi tercer libro. Basta, creo, el título para comprender.

La fugacidad, por decirlo así, de las relaciones vitales, contiene, como ya dije, cercanía o alejamiento. ¿Podremos alcanzar tan sólo lo próximo, lo fascinante o lo que, mutilado, arrasado, condenado está ahí?, ¿lo tremendo?

Este dualismo es, en el fondo, una identificación.

> ...Más tras la ropa un tiemblo
> nos tañe, y al salir por tantas calles
> sin piedad y sin bulla
> rompen claras escenas
> de amanecida, y tantos
> sucios ladrillos sin salud se cuecen

de intimidad de lecho y guiso. Entonces,
nada hay que nos aleje
de nuestro hondo oficio de inocencia;
entonces, ya en faena,
cruzamos esta plaza con pie nuevo
y aún entre la ventisca, como si en junio fuera
se abre nuestro pulmón trémulo de alba
y, como a mediodía,
ricos son nuestros ojos
de oscuro señorío.

Junto a las municiones, junto a la rutina vitalicia, junto
a nosotros mismos legitimando oficialmente el fraude,
haciendo la vida negociable, con diminutos ojos triangulares, como los de la abeja.

Se encalma, y no se modifica, el timbre de exaltación
de mi poesía anterior. La forma —el poema— se acompasa con un tono más meditativo. ¿Por qué? No lo sé certeramente. Pero desde luego, la respuesta consiste en la
tensión entre la objetividad y la subjetividad, como siempre, en mi poesía.

Y no tan sólo en el poema, sino en mi vida misma, en
las posibilidades e incertidumbres o certezas o salvación
humanas. Escribí años antes:

Dichoso el que un buen día sale humilde
y se va por la calle, como tantos
días más de su vida, y no lo espera,
y de pronto, ¿qué es esto?, mira a lo alto
y ve, pone el oído al mundo y oye,
anda, y siente subirle entre los pasos
el amor de la tierra, y sigue, y abre
su taller verdadero, y en sus manos
brilla limpio su oficio...

Citando a Cassirer: «... Al paso de que la lógica de las
formaciones y las conexiones impersonales está cargada
de dinámica, surgen entre éstas y los impulsos y normas
interiores de la personalidad duras fricciones, que adoptan, bajo la forma de la cultura, en cuanto tal, una peculiar condensación».

Palabras insuficientes. Yo quiero a ese hombre: a Eugenio de Luelmo, por ejemplo. E intenté construir un monumento diario y eterno, irrepetible, de su vejez, de su manera de andar por las calles, de cómo la posesión de su ternura, de su olor a cal, a arena, a vino, a sebo, iban sin despedida, porque él era retorno. Cómo fue querido por toda la ciudad. Y bien, en el fondo, ¿qué intentaba? Me pongo ahora de mal humor pensando en el poema de Baudelaire «Les petites vieilles», porque en él acontece lo que intento decir y porque es uno de los poemas que desearía haber escrito en aquellas circunstancias.

La alianza y la condena. La imaginación y la duración compartidas, cara a cara: la sencillez en torno a la complejidad de la vida. O el intento de acompañamiento, de asimiento, a pesar de la impotencia. Ya antes:

> Hoy o ya nunca más. Lo se. Creía
> poder estar aún con vosotros, pero
> vedme, frías las manos todavía
> esta noche de enero,
> junto al hogar de siempre. Cuánto humo
> sube. Cuánto calor habré perdido.
> Dejadme ver en lo que se convierte,
> olerlo al menos, ver dónde ha llegado
> antes de que despierte,
> antes de que el hogar esté apagado.

Georg Simmel, comentando a Goethe: «la individualidad parece ser interpretación de un tipo o de una idea cuya vida consiste en su desenvolvimiento de innumerables formas particulares». El trato, la actuación concreta o soñada de la existencia, junto a tantos sucesos.

Cuanto más se individualiza el estilo, mucho más se comunica o participa. Ahora bien, no recuerdo quién habla de las «particularidades exclusivas». Frase pedante e incorrecta. Pero si el carácter singular, insustituible, de cada aliento, se organiza y se siente hasta el fondo de manera aspirada o inspirada, ¿qué puede suceder?

El vuelo de la celebración, título de mi cuarto libro. Celebrar lo que se abre o lo que se cierra desde todas las posibilidades vitales: la figura de las cosas, el poderío de las sensaciones que pueden desembocar en feracidad y en sequía. Es como una «animación», que recrea, fugitivamente, lo que nos sobrecoge y nos camina, y nos pule, y nos mejora. La celebración como conocimiento y como remordimiento. Como servidumbre, dando a esta palabra el significado más clarividente: el destino humano, con todos sus adjetivos.

Volviendo a «la mejora», según Fray Luis de León. En efecto, se celebra, se escribe (aunque uno no lo sepa de modo consciente). Y lo que estaba marchito se hace jugo.

Esto no es cuestión del arte, pero para mí sí; al intuir, esencialmente, se apuntala, se aclara, la creación inconcreta hasta que se celebra, hasta que el hombre sabe y se mejora. Largo sería comentar este tema. Basta con:

¿Y está la herida ya sin hondo pétalo,
sin tibieza,
sino fecunda con su mismo polen,
cosida a mano, casi como un suspiro,
con el veneno de su melodía...?

Cómo el olor del cielo,
la luz hoy cruda, amarga
de la ciudad, me sanan
la herida que supura con su aliento
y con su pudredumbre,
asombrada y esbelta
y sin sus labios ya,
hablando a solas con sus cicatrices
muy seguras, sin eco,
hacia el destino, tan madrugador,
hasta llegar a la gangrena.

Bueno o malo es saberlo. «No hay para qué meter el alma en este trabajo, cuidado o peligro», habla Santa Teresa.

Ya está bien. Se acabó el soneto —y el aprieto—. Que los siguientes poemas hablen o callen.

Claudio Rodríguez

Nota biográfica

Nací en Zamora, en 1934. Estudié el Bachillerato en mi ciudad natal, trasladándome a Madrid. Me licencié, en la Universidad Central, en 1957, en la sección de Filología Románica. Fui lector de Español en la Universidad de Nottingham (Inglaterra) (1958-1960). Y de la Universidad de Cambridge (Inglaterra) durante los años 1960-1964. Actualmente resido en Madrid dedicado a la enseñanza universitaria.

Bibliografía

OBRA POÉTICA

Conjuros, Torrelavega, Cantalapiedra, 1958.
Alianza y Condena, Madrid, Revista de Occidente, 1965.
Poesía (1953-1966), Barcelona, Plaza y Janés, 1971.
El vuelo de la celebración, Madrid, Visor, 1976.
Antología poética, ed. de Philip W. Silver, Madrid, Alianza, 1981.

Breve bibliografía crítica

Bousoño, Carlos, «La poesía de Claudio Rodríguez», Prólogo a *Poesía (1953-1966)*, Barcelona, Plaza y Janés, 1971.

Cano, José Luis, «La poesía de Claudio Rodríguez: de *Conjuros* a *Alianza y Condena*», en *Poesía española contemporánea: las generaciones de postguerra*, Madrid, Guadarrama, 1974.

— «Un poeta de la novísima generación: Claudio Rodríguez», en *Poesía española del siglo XX*, Madrid, Guadarrama, 1960.

Debicki, Andrew P., «Los códigos y la expresión en poemas de Claudio Rodríguez», en *Journal of Spanish Studies: Twentieth Century* (1977).

Gimferrer, Pere, «La poesía de Claudio Rodríguez», *Triunfo* (julio 1970).

González Muela, Joaquín, «Claudio Rodríguez», en *La nueva poesía española*, Madrid, 1973.

Jiménez, José Olivio, «Claudio Rodríguez entre la luz y el canto: sobre *El vuelo de la celebración*», *Papeles de Son Armadans*, 1977.

— «Diez años de poesía española, 1960-1970», *Ínsula*, Madrid, 1972.

— «La poesía última de Claudio Rodríguez (sobre *Alianza y Condena)*», *Revista de Estudios Hispánicos* 1967).

Molero, Juan Carlos, «La poesía de Claudio Rodríguez», *Levante*, Valencia, 1966.

Siles, Jaime, «La palabra fundadora», *Quimera*, Barcelona, 1981.

SILVER, Philip, «Claudio Rodríguez o la mirada sin dueño», prólogo a Claudio Rodríguez, *Antología poética*, Madrid, Alianza, 1981.

SOBEJANO, Gonzalo, «*Espuma* de Claudio Rodríguez», *Consenso, Revista de Literatura*, tomo 2, número 3 (1978).

VILLAR, Arturo del, «El don de la claridad de Claudio Rodríguez», *Estafeta Literaria* (1976).

Desde mis poemas

Don de la ebriedad

A mi madre

LIBRO PRIMERO

I

Siempre la claridad viene del cielo;
es un don: no se halla entre las cosas
sino muy por encima, y las ocupa
haciendo de ello vida y labor propias.
Así amanece el día; así la noche
cierra el gran aposento de sus sombras.
Y esto es un don. ¿Quién hace menos creados
cada vez a los seres? ¿Qué alta bóveda
los contiene en su amor? ¡Si ya nos llega
y es pronto aún, ya llega a la redonda
a la manera de los vuelos tuyos
y se cierne, y se aleja y, aún remota,
nada hay tan claro como sus impulsos!
Oh, claridad sedienta de una forma,
de una materia para deslumbrarla
quemándose a sí misma al cumplir su obra.
Como yo, como todo lo que espera.
Si tú la luz te la has llevado toda,
¿cómo voy a esperar nada del alba?
Y, sin embargo —esto es un don—, mi boca
espera, y mi alma espera, y tú me esperas,
ebria persecución, claridad sola
mortal como el abrazo de las hoces,
pero abrazo hasta el fin que nunca afloja.

II

Yo me pregunto a veces si la noche
se cierra al mundo para abrirse o si algo
la abre tan de repente que nosotros
no llegamos a su alba, al alba al raso
que no desaparece porque nadie
la crea: ni la luna, ni el sol claro.
Mi tristeza tampoco llega a verla
tal como es, quedándose en los astros
cuando en ellos el día es manifiesto
y no revela que en la noche hay campos
de intensa amanecida apresurada
no en germen, en luz plena, en albos pájaros.
Algún vuelo estará quemando el aire,
no por ardiente sino por lejano.
Alguna limpidez de estrella bruñe
los pinos, bruñirá mi cuerpo al cabo.
¿Qué puedo hacer sino seguir poniendo
la vida a mil lanzadas del espacio?
Y es que en la noche hay siempre un fuego oculto,
un resplandor aéreo, un día vano
para nuestros sentidos, que gravitan
hacia arriba y no ven ni oyen abajo.
Como es la calma un yelmo para el río
así el dolor es brisa para el álamo.
Así yo estoy sintiendo que las sombras
abren su luz, la abren, la abren tanto,
que la mañana surge sin principio
ni fin, eterna ya desde el ocaso.

III

La encina, que conserva más un rayo
de sol que todo un mes de primavera,
no siente lo espontáneo de su sombra,
la sencillez del crecimiento; apenas
si conoce el terreno en que ha brotado.
Con ese viento que en sus ramas deja
lo que no tiene música, imagina
para sus sueños una gran meseta.
Y con qué rapidez se identifica
con el paisaje, con el alma entera
de su frondosidad y de mí mismo.
Llegaría hasta el cielo si no fuera
porque aún su sazón es la del árbol.
Días habrá en que llegue. Escucha mientras
el ruido de los vuelos de las aves,
el tenue del pardillo, el de ala plena
de la avutarda, vigilante y claro.
Así estoy yo. Qué encina, de madera
más oscura quizá que la del roble,
levanta mi alegría, tan intensa
unos momentos antes del crepúsculo
y tan doblada ahora. Como avena
que se siembra a voleo y que no importa
que caiga aquí o allí si cae en tierra,
va el contenido ardor del pensamiento
filtrándose en las cosas, entreabriéndolas,
para dejar su resplandor y luego
darle una nueva claridad en ellas.
Y es cierto, pues la encina ¿qué sabría
de la muerte sin mí? ¿Y acaso es cierta
su intimidad, su instinto, lo espontáneo
de su sombra más fiel que nadie? ¿Es cierta
mi vida así, en sus persistentes hojas
a medio descifrar la primavera?

IV

Así el deseo. Como el alba, clara
desde la cima y cuando se detiene
tocando con sus luces lo concreto
recién oscura, aunque instantáneamente.
Después abre ruidosos palomares
y ya es un día más. ¡Oh, las rehenes
palomas de la noche conteniendo
sus impulsos altísimos! Y siempre
como el deseo, como mi deseo.
Vedle surgir entre las nubes, vedle
sin ocupar espacio deslumbrarme.
No está en mí, está en el mundo, está ahí enfrente.
Necesita vivir entre las cosas.
Ser añil en los cerros y de un verde
prematuro en los valles. Ante todo,
como en la vaina el grano, permanece
calentando su albor enardecido
para después manifestarlo en breve
más hermoso y radiante. Mientras, queda
limpio sin una brisa que lo aviente,
limpio deseo cada vez más mío,
cada vez menos vuestro, hasta que llegue
por fin a ser mi sangre y mi tarea,
corpóreo como el sol cuando amanece.

V

Cuándo hablaré de ti sin voz de hombre
para no acabar nunca, como el río
no acaba de contar su pena y tiene
dichas ya más palabras que yo mismo.
Cuándo estaré bien fuera o bien en lo hondo

de lo que alrededor es un camino
limitándome, igual que el soto al ave.
Pero, ¿seré capaz de repetirlo,
capaz de amar dos veces como ahora?
Este rayo de sol, que es un sonido
en el órgano, vibra con la música
de noviembre y refleja sus distintos
modos de hacer caer las hojas vivas.
Porque no sólo el viento las cae, sino
también su gran tarea, sus vislumbres
de un otoño esencial. Si encuentra un sitio
rastrillado, la nueva siembra crece
lejos de antiguos brotes removidos;
pero siempre le sube alguna fuerza,
alguna sed de aquellos, algún limpio
cabeceo que vuelve a dividirse
y a dar olor al aire en mil sentidos.
Cuándo hablaré de ti sin voz de hombre.
Cuándo. Mi boca sólo llega al signo,
sólo interpreta muy confusamente.
Y es que hay duras verdades de un continuo
crecer, hay esperanzas que no logran
sobrepasar el tiempo y convertirlo
en seca fuente de llanura, como
hay terrenos que no filtran el limo.

VI

Las imágenes, una que las centra
en planetaria rotación, se borran
y suben a un lugar por sus impulsos
donde al surgir de nuevo toman forma.
Por eso yo no sé cuáles son éstas.
Yo pregunto qué sol, qué brote de hoja
o qué seguridad de la caída
llegan a la verdad, si está más próxima
la rama del nogal que la del olmo,
más la nube azulada que la roja.

Quizá pueblo de llamas, las imágenes
encienden doble cuerpo en doble sombra.
Quizá algún día se hagan una y baste,
¡Oh, regio corazón como una tolva,
siempre clasificando y triturando
los granos, las semillas de mi corta
felicidad! podrían reemplazarme
desde allí, desde el cielo a la redonda,
hasta dejarme muerto a fuerza de almas,
a fuerza de mayores vidas que otras
con la preponderancia de su fuego
extinguiéndolas: tal a la paloma
lo retráctil del águila. Misterio.
Hay demasiadas cosas infinitas.
Para culparme hay demasiadas cosas.
Aunque el alcohol eléctrico del rayo,
aunque el mes que hace nido y no se posa,
aunque el otoño, sí, aunque los relentes
de humedad blanca... Vienes por tu sola
calle de imagen, a pesar de ir sobre
no sé qué Creador, qué paz remota...

VII

   ¡Sólo por una vez que todo vuelva
a dar como si nunca diera tanto!
Ritual arador en plena madre
y en pleno crucifijo de los campos,
¿tú sabías?: llegó, como en agosto
los fermentos de alba, llegó dando
desalteradamente y con qué ciencia
de la entrega, con qué verdad de arado.
Pero siempre es lo mismo: halla otros dones
que remover, la grama por debajo
cuando no una cosecha malograda.
¡Arboles de ribera lavapájaros!
En la ropa tendida de la nieve
queda pureza por lavar. ¡Ovarios

trémulos! Yo no alcanzo lo que basta,
lo indispensable para mis dos manos.
Antes irá su lunación ardiendo,
humilde como el heno en un establo.
Si nos oyeran... Pero ya es lo mismo.
¿Quién ha escogido a este arador, clavado
por ebria sembradura, pan caliente
de citas, surco a surco y grano a grano?
Abandonado así a complicidades
de primavera y horno, a un legendario
don, y la altanería de mi caza
librando esgrima en pura señal de astros...
¡Sólo por una vez que todo vuelva
a dar como si nunca diera tanto!

VIII

No porque llueva seré digno. ¿Y cuándo
lo seré, en qué momento? ¿Entre la pausa
que va de gota a gota? Si llegases
de súbito y al par de la mañana,
al par de este creciente mes, sabiendo,
como la lluvia sabe de mi infancia,
que una cosa es llegar y otra llegarme
desde la vez aquella para nada...
Si llegases de pronto, ¿qué diría?
Huele a silencio cada ser y rápida
la visión cae desde altas cimas siempre.
Como el mantillo de los campos, basta,
basta a mi corazón ligera siembra
para darse hasta el límite. Igual basta,
no sé por qué, a la nube. Qué eficacia
la del amor. Y llueve. Estoy pensando
que la lluvia no tiene sal de lágrimas.
Puede que sea ya un poco más digno.
Y es por el sol, por este viento, que alza
la vida, por el humo de los montes,

por la roca, en la noche aún más exacta,
por el lejano mar. Es por lo único
que purifica, por lo que nos salva.
Quisiera estar contigo no por verte
sino por ver lo mismo que tú, cada
cosa en la que respiras como en esta
lluvia de tanta sencillez, que lava.

IX

Como si nunca hubiera sido mía,
dad al aire mi voz y que en el aire
sea de todos y la sepan todos
igual que una mañana o una tarde.
Ni a la rama tan sólo abril acude
ni el agua espera sólo el estiaje.
¿Quién podría decir que es suyo el viento,
suya la luz, el canto de las aves
en el que esplende la estación, más cuando
llega la noche y en los chopos arde
tan peligrosamente retenida?
¡Que todo acabe aquí, que todo acabe
de una vez para siempre! La flor vive
tan bella porque vive poco tiempo
y, sin embargo, cómo se da, unánime,
dejando de ser flor y convirtiéndose
en ímpetu de entrega. Invierno, aunque
no esté detrás la primavera, saca
fuera de mí lo mío y hazme parte,
inútil polen que se pierde en tierra
pero ha sido de todos y de nadie.
Sobre el abierto páramo, el relente
es pinar en el pino, aire en el aire,
relente sólo para mi sequía.
Sobre la voz que va excavando un cauce
qué sacrilegio este del cuerpo, este
de no poder ser hostia para darse.

Libro segundo

Canto del despertar

*... y cuando salía
por toda aquesta vega
ya cosa no sabía...*

SAN JUAN DE LA CRUZ

El primer surco de hoy será mi cuerpo.
Cuando la luz impulsa desde arriba
despierta los oráculos del sueño
y me camina, y antes que al paisaje
va dándome figura. Así otra nueva
mañana. Así otra vez y antes que nadie,
aún que la brisa menos decidera,
sintiéndome vivir, solo, a luz limpia.
Pero algún gesto hago, alguna vara
mágica tengo porque, ved, de pronto
los seres amanecen, me señalan.
Soy inocente. ¡Cómo se une todo
y en simples movimientos hasta el límite,
sí, para mi castigo: la soltura
del álamo a cualquier mirada! Puerta
con vellones de niebla por dinteles
se abren allí, pasando aquella cima.
¿Qué más sencillo que ese cabeceo
de los sembrados? ¿Qué más persuasivo
que el heno al germinar? No toco nada.
No me lavo en la tierra como el pájaro.
Sí, para mi castigo, el día nace
y hay que apartar su misma recaída
de las demás. Aquí sí es peligroso.
Ahora, en la llanada hecha de espacio,
voy a servir de blanco a lo creado.

Tibia respiración de pan reciente
me llega y así el campo eleva formas
de una aridez sublime, y un momento
después, el que se pierde entre el misterio
de un camino y el de otro menos ancho,
somos obra de lo que resucita.
Lejos estoy, qué lejos. ¿Todavía,
agrio como el moral silvestre, el ritmo
de las cosas me daña? Alma del ave,
yacerás bajo cúpula de árbol.
¡Noche de intimidad lasciva, noche
de preñez sobre el mundo, noche inmensa!
Ah, nada está seguro bajo el cielo.
Nada resiste ya. Sucede cuando
mi dolor me levanta y me hace cumbre
que empiezan a ocultarse las imágenes
y a dar la mies en cada poro el acto
de su ligero crecimiento. Entonces
hay que avanzar la vida de tan limpio
como es el aire, el aire retador.

Canto del caminar

Nunca había sabido que mi paso
era distinto sobre tierra roja,
que sonaba más puramente seco
lo mismo que si no llevase un hombre,
de pie, en su dimensión. Por ese ruido
quizá algunos linderos me recuerden.
Por otra cosa no. Cambian las nubes
de forma y se adelantan a su cambio
deslumbrándose en él, como el arroyo
dentro de su fluir; los manantiales
contienen hacia fuera su silencio.
¿Dónde estabas sin mí, bebida mía?
Hasta la hoz pregunta más que siega.
Hasta el grajo maldice más que chilla.
Un concierto de espiga contra espiga
viene con el levante del sol. ¡Cuánto
hueco para morir! ¡Cuánto azul vívido,
cuánto amarillo de era para el roce!
Ni aun hallando sabré: me han trasladado
la visión, piedra a piedra, como a un templo.
¡Qué hora: lanzar el cuerpo hacia lo alto!
Riego activo por dentro y por encima
transparente quietud, en bloques, hecha
con delgadez de música distante
muy en alma subida y sola al raso.
Ya este vuelo del ver es amor tuyo.

Y ya nosotros no ignoramos que una
brizna logra también eternizarse
y espera el sitio, espera el viento, espera
retener todo el pasto en su obra humilde.
Y cómo sufre cualquier luz y cómo
sufre en la claridad de la protesta.
Desde siempre me oyes cuando libre
con el creciente día, me retiro
al oscuro henchimiento, a mi faena,
como el cardal ante la lluvia al áspero
zumo viscoso de su flor; y es porque
tiene que ser así: yo soy un surco
más, no un camino que desabre el tiempo.
Quiere que sea así quien me aró. —¡Reja
profunda!— Soy culpable. Me lo gritan.
Como un heñir de pan sus voces pasan
al latido, a la sangre, a mi locura
de recordar, de aumentar miedos, a esta
locura de llevar mi canto a cuestas,
gavilla más, gavilla de qué parva.
Que os salven, no. Mirad: la lavandera
de río, que no lava la mañana
por no secarla entre sus manos, porque
la secaría como a ropa blanca,
se salva a su manera, Y los otoños
también. Y cada ser. Y el mar que rige
sobre el páramo. Oh, no sólo el viento
del Norte es como un mar, sino que el chopo
tiembla como las jarcias de un navío.
Ni el redil fabuloso de las tardes
me invade así. Tu amor, a tu amor temo,
nave central de mi dolor, y campo.
Pero ahora estoy lejos, tan lejano
que nadie lloraría si muriese.
Comienzo a comprobar que nuestro reino
tampoco es de este mundo. ¿Qué montañas
me elevarían? ¿Qué oración me sirve?
Pueblos hay que conocen las estrellas,
acostumbrados a los frutos, casi

tallados a la imagen de sus hombres
que saben de semillas por el tacto.
En ellos, qué ciudad. Urden mil danzas
en torno mío insectos y me llenan
de rumores de establo, ya asumidos
como la hez de un fermentado vino.
Sigo. Pasan los días, luminosos
a ras de tierra, y sobre las colinas
ciegos de altura insoportable, y bellos
igual que un estertor de alondra nueva.
Sigo. Seguir es mi única esperanza.
Seguir oyendo el ruido de mis pasos
con la fruición de un pobre lazarillo.
Pero ahora eres tú y estás en todo.
Si yo muriese harías de mí un surco,
un surco inalterable: ni pedrisca,
ni ese luto del ángel, nieve, ni ese
cierzo con tantos fuegos clandestinos
cambiarían su línea, que interpreta
la estación claramente. ¿Y qué lugares
más sobrios que estos para ir esperando?
¡Es Castilla, sufridlo! En otros tiempos,
cuando se me nombraba como a hijo,
no podía pensar que la de ella
fuera la única voz que me quedase,
la única intimidad bien sosegada
que dejara en mis ojos fe de cepa.
De cepa madre. Y tú, corazón, uva
roja, la más ebria, la que menos
vendimiaron los hombres, ¿cómo ibas
a saber que no estabas en racimo,
que no te sostenía tallo alguno?

—He hablado así tempranamente, ¿y debo
prevenirme del sol del entusiasmo?
Una luz que en el aire es aire apenas
viene desde el crepúsculo y separa
la intensa sombra de los arces blancos
antes de separar dos claridades:

la del día total y la nublada
de luna, confundidas un instante
dentro de un rayo último difuso.
Qué importa marzo coronando almendros.
Y la noche qué importa si aún estamos
buscando un resplandor definitivo.
Oh, la noche que lanza sus estrellas
desde almenas celestes. Ya no hay nada:
cielo y tierra sin más. ¡Seguro blanco,
seguro blanco ofrece el pecho mío!
Oh, la estrella de oculta amanecida
traspasándome al fin, ya más cercana.
Que cuando caiga muera o no, qué importa.
Qué importa si ahora estoy en el camino.

Libro Tercero

LIBRO TERCERO

I

(Con marzo)

Lo que antes era exacto ahora no encuentra
su sitio. No lo encuentra y es de día,
y va volado como desde lejos
el manantial, que suena a luz perdida.
Volado yo también a fuerza de hambres
cálidas, de mañanas inauditas,
he visto en el incienso de las cumbres
y en mi escritura blanca una alegría
dispersa de vigor. ¿Y aún no se yergue
todo para besar? ¿No se ilimitan
las estrellas para algo más hermoso
que un recaer oculto? Si la vida
me convocase en medio de mi cuerpo
como el claro entre pinos a la fría
respiración de luna, porque ahora
puedo, y ahora está allí... Pero no: brisas
de montaraz silencio, aligeradas
aves que se detienen y otra vez
su vuelo en equilibrio se anticipa.

Lo que antes era exacto, lo que antes
era sencillo: un grano que germina,

de pronto. Cómo nos avanza el solo
mes desde fuera. Huele a ti, te imita
la belleza, la noche a tus palabras
—tú sobre el friso de la amanecida.
¡Y que no pueda ver mi ciudad virgen
ni mi piedra molar sin golondrinas
oblicuas despertando la muralla
para saber que nada, nadie emigra!

Oh, plumas timoneras. Mordedura
de la celeridad, mal retenida
si el hacha canta al pájaro cercenes
de últimos bosques y la tierra misma
salta como los peces en verano.
Yo que pensaba en otras lejanías
desde mi niebla firme, que pensaba
no aparte de la cumbre, sino encima
de la ebriedad. Así... ¡me bastaría
ladear los cabellos, entreabrir
los ojos, recordarte en cualquier viña!
Rugoso corazón a todas horas
brotando aquí y allá como semilla,
óyelo bien: no tiemblo. Es la mirada,
es el agua que espera ser bebida.
El agua. Se entristece al contemplarse
desnuda y ya con marzo casi encinta.
De qué manera nos devuelve el eco
las nerviaciones de las hojas vivas,
la plenitud, el religioso humo,
el granizo en asalto de avenidas.
Algo hay que mantener para los tiempos
mientras giren las ruecas idas. Idas.
Ah, nombradla. Ella dice, ella lo ha dicho.
¡Voz tanteando los labios, siendo cifra
de los ensueños! Ya no de esta bruma,
ya no de tardes timoneras, limpia
del inmortal desliz que va a su sitio
confundiendo el dolor aunque es de día.

II

(Sigue marzo)

Para Clara Miranda

Todo es nuevo quizá para nosotros.
El sol claroluciente, el sol de puesta,
muere; el que sale es más brillante y alto
cada vez, es distinto, es otra nueva
forma de luz, de creación sentida.
Así cada mañana es la primera.
Para que la vivamos tú y yo solos,
nada es igual ni se repite. Aquella
curva, de almendros florecidos suave,
¿tenía flor ayer? El ave aquella,
¿no vuela acaso en más abiertos círculos?
Después de haber nevado el cielo encuentra
resplandores que antes eran nubes.
Todo es nuevo quizá. Si no lo fuera,
si en medio de esta hora las imágenes
cobraran vida en otras, y con ellas
los recuerdos de un día ya pasado
volvieran ocultando el de hoy, volvieran
aclarándolo, sí, pero ocultando
su claridad naciente, ¿qué sorpresa
le daría a mi ser, qué devaneo,
qué nueva luz o qué labores nuevas?
Agua de río, agua de mar; estrella
fija o errante, estrella en el reposo
nocturno. Qué verdad, qué limpia escena
la del amor, que nunca ve en las cosas
la triste realidad de su apariencia.

III

Siempre me vienen sombras de algún canto
por el que sé que no me crees solo.
¿Y he de hacer yo que sea verdad? ¿Podría
señalar cuándo hay savia o cuándo mosto,
cuándo los trillos cambian el paisaje
nuevamente y en la hora del retorno?
Al cabo es el contagio de lo que busco.
El contagio de ti, de mí, de todo
lo que se puede ver a la salida
de un puente, entre el espacio de sus ojos.
A la subida. Acosadoramente
cerca, hasta con el miedo del acoso,
llegas sobrepasando la llegada,
abriéndote al llegar como el otoño.
Y como el gran peligro de las luces
en la meseta se nivela en fondo
cárdeno, así mi tiempo ya vivido,
así: anunciando —¿qué ave?— por el modo
de volar, alto o bajo, la tormenta
o la calma. Y no importa que ese modo
nos apresure en soledad tan ágil.
Porque una cosa es creerme solo
y otra hacer ruido para andar más firme;
una cosa la noche, otra lo próximo
de aquella noche que pervive en esta
y la desmanda —¡Calla, álamo, sobrio
hachón ardido de la espera! Y calla,
y mueve lindes de su voz en coro
de intimidad igual que si moviera
voces del aire mientras yo te oigo
—te estoy oyendo aunque no escuche nada—,
sombra de un canto ya casi corpóreo.

IV

Aún los senderos del espacio vuelven
a estar como en la tierra y se entrecruzan
lejos de la ciudad, lejos del hombre
y de su laboreo. La aventura
ha servido de poco. Sin mí el cerco,
el río, actor de la más vieja música.
Aún y aunque sonden sigilosas huellas,
amplísimas de rectas y de curvas,
el valle, el oferente valle, acaso
valle con señaleras criaturas.
¡Tanto nos va en un riesgo! La mañana,
en la mitad del tronco verdeoscura
y en la copa de un fuerte gris hojoso,
siente mil aletazos que la alumbran.
El cereal encaña y no se pierde.
Riesgos callados. Que también alguna
verdad arriesgue el alma ya visible.
Que tu manera de coger la fruta
sea la misma. Así. Y entre senderos
del espacio, ¡quién vuela? O ahora o nunca.
Bien se conoce por el movimiento
que puede más la huida que la busca;
no quizá por durar igual que todo
lo que muere y al fin da por segura
su elevación. Quizá porque es lo propio.
Mañana a costa de alas y de túnicas,
cereal encañado (la primera
senda sin otro viento que mi fuga),
el tropismo solar del agavanzo,
un ruido hacia la noche... Nunca. Nunca.

V

Será dentro del tiempo. No la mía,
no la más importante: la primera.
Será la única vez de lo creado.
¡Sencillez de lograr que no sea ésta
la primera y la última! Alba, fuente,
mar, cerro abanderado en primavera,
¡sed necesarios! Ella exige muchas
vidas y vive tantas que hace eterna
la del amante, la hace de un tempero
de amor, insoportablemente cierta.
El fruto muestra su sazón, la rama
ya avisa, tiemblo a tiemblo, su impotencia.
Las estrellas no queman al pisarlas.
Cuando se miran desde abajo, queman.
Otras habrá, otras veces. Estoy solo
y abandonado como las iglesias
de arrabal a su sed de agua bendita.
Puedo sentir, podría marchar. Queda,
ráfaga de un beber de gaviota,
la extraña forma de crear, la bella
costumbre de decir: «hágase». Quedas
tú misma, tú, exigencia que alguien tiene.
Sencillamente amar una vez sola.
Arcaduz de los meses, vieja y nueva
ignorancia de la metamorfosis
que va de junio a junio. Ve: no espera
nada ni nadie en mí. ¿Qué necesitas?
Nada ni nadie para mi existencia.

VI

No es que se me haya ido: nunca ha estado.
Pero buscar y no reconocerlo,
y no alumbrarlo en un futuro vivo...
¿Cómo dejaré sólo este momento?
Nadie ve aquí y palpitan las llamadas
y es necesario que se saque de ello
la forma, para que otra vez se forme
como en la lucha con su giro el viento.
Como en la lucha con su giro. No,
no es que se haya entibiado en el renuevo
súbito de los olmos ni en el ansia
blanca igual que la médula del fresno.
Ayer latía por sí mismo el campo.
Hoy le hace falta vid de otro misterio,
del pie que ignora la uva aunque ha pisado
fuertemente la cepa. Hoy. Qué mal lejos,
qué confianza de rediles. Mientras,
no sabré amar de lo que amo, pero
sé la vida que tiene y eso es todo.
Quizá el arroyo no aumente su calma
por mucha nube que le aquiete el sueño;
quizá el manantial sienta las alturas
de la montaña desde su hondo lecho.
¿Cómo te inmolaré más allá, firme
talla con el estuco del recuerdo?
Oh, más allá del aire y de la noche
(¡El cristalero azul, el cristalero
de la mañana!), entre la muerte misma
que nos descubre un caminar sereno
vaya hacia atrás o hacia adelante el rumbo,
vaya el camino al mar o tierra adentro.

VII

¡Qué diferencia de emoción existe
entre el surco derecho y el izquierdo,
entre esa rama baja y esa alta!
La belleza anterior a toda forma
nos va haciendo a su misma semejanza.
Y es que es así: niveles de algún día
para caer sin vértigo de magias,
en todo: en lo sembrado por el aire
y en la tierra, que no pudo ser rampa
de castidad. Y así tiene que vernos.
La luz nace entre piedras y las gasta.
Junta de danzas invisibles, muere
también amontonándose en sus alas.
Pero es distinto ya, es distinto, es
tan distinto que puede hacerse nada.
Si breve es el ocaso que alguien hubo
de iluminar, ahora yo de cada
cenit voy mendigando una ladera
como el relente un sol de lo que mana.
Miro a voces en ti, mira ese río
en la sombra del árbol reflejada .
igual, lo mismo, entre la diferencia
de emoción, del sentir, que hace la escala
doblemente vital. Leche de brisas
para dar de beber a la eficacia
de los caminos blancos, que se pierden
por querer ir donde se va sin nada.
Ah, destempladme. ¿Quién me necesita?
¿Quién tiembla sólo de pensar que el alba
o algún pájaro vuelan hacia un lado
más suyo? Rama baja y rama alta.
La belleza anterior a toda forma
nos va haciendo a su misma semejanza.

VIII

Cómo veo los árboles ahora.
No con hojas caedizas, no con ramas
sujetas a la voz del crecimiento.
Y hasta a la brisa que los quema a ráfagas
no la siento como algo de la tierra
ni del cielo tampoco, sino falta
de ese dolor de vida con destino.
Y a los campos, al mar, a las montañas,
muy por encima de su clara forma
los veo. ¿Qué me han hecho en la mirada?
¿Es que voy a morir? Decidme, ¿cómo
veis a los hombres, a sus obras, almas
inmortales? Sí, ebrio estoy, sin duda.
La mañana no es tal, es una amplia
llanura sin combate, casi eterna,
casi desconocida porque en cada
lugar donde antes era sombra el tiempo,
ahora la luz espera ser creada.
No sólo el aire deja más su aliento:
no posee ni cántico ni nada;
se lo dan, y él empieza a rodearle
con fugaz esplendor de ritmo de ala
e intenta hacer un hueco suficiente
para no seguir fuera. No, no sólo
seguir fuera quizá, sino a distancia.
Pues bien: el aire de hoy tiene su cántico.
¡Si lo oyeseis! Y el sol, el fuego, el agua,
cómo dan posesión a estos mis ojos.
¿Es que voy a vivir? ¿Tan pronto acaba
la ebriedad? Ay, y cómo veo ahora
los árboles, qué pocos días faltan...

Conjuros

Para Vicente Aleixandre

Libro primero

A LA RESPIRACIÓN EN LA LLANURA

¡Dejad de respirar y que os respire
la tierra, que os incendie en sus pulmones
maravillosos! Mire
quien mire, ¿no verá en las estaciones
un rastro como de aire que se alienta?
Sería natural aquí la muerte.
No se tendría en cuenta
como la luz, como el espacio, ¡Muerte
con sólo respirar! Fuera de día
ahora y me quedaría sin sentido
en estos campos, y respiraría
hondo como estos árboles, sin ruido.
Por eso la mañana aún es un vuelo
creciente y alto sobre
los montes, y un impulso a ras del suelo
que antes de que se efunda y de que cobre
forma ya es surco para el nuevo grano.
Oh, mi aposento. Qué riego del alma
éste con el que doy mi vida y gano
tantas vidas hermosas. Tened calma
los que me respiráis, hombres y cosas.
Soy vuestro. Sois también vosotros míos.
Cómo aumentan las rosas
su juventud al entregarse. ¡Abríos

a todo! El heno estalla en primavera,
el pino da salud con su olor fuerte.
¡Qué hostia la del aliento, qué manera
de crear, qué taller claro de muerte!
No sé cómo he vivido
hasta ahora ni en qué cuerpo he sentido
pero algo me levanta al día puro,
me comunica un corazón inmenso,
como el de la meseta, y mi conjuro
es el del aire, tenso
por la respiración del campo henchida
muy cerca de mi alma en el momento
en que pongo la vida
al voraz paso de cualquier aliento.

A LAS ESTRELLAS

¡Que mi estrella no sea la que más resplandezca
sino la más lejana! ¡No me queme su lumbre
sino su altura, hasta lograr que crezca
la mirada en peligros del espacio y la cumbre!
¿Quién cae? ¿Quién alza el vuelo?
¿Qué palomares de aire me abren los olmos? Antes
era sencillo: tierra y, sin más, cielo.
Yo con mi impulso abajo y ellas siempre distantes.
Pero en la sombra hay luz y en la mañana
se hunde una oculta noche cerrando llano y río.
A qué lanzada al raso tan cercana
seguro blanco ofrece el pecho mío.
¡Pensar que brillarían aunque estuviera ciego
todas las estrellas que no se ven, aquellas
que están detrás del día! Esas de arriba, luego
caerán. ¡Hazlas caer! Ni son estrellas
ni es música su pulso enardecido.
Y mientras cubre el alba como un inmenso nido
sólidamente aéreo y blanco el puro
culminar de los astros, siguen viviendo apenas
como el grano en la vaina, que es su límite oscuro.
Oíd: ¿quién nos sitia acaso las celestes almenas?

Y no encuentra reposo
lo que vive en lo alto. Vive y sube
más, como el sol, como la nube
mientras los campos sienten el tiempo más hermoso.
Y hasta el más inminente. Porque, ¿quién mueve,
[cuando
madura, toda la sazón, quién cuando cae avisa
que es sobre todo luz y va empezando
a preparar la tierra como para una brisa
tan ardiente que bruña la meseta?
Ah, qué eterno camino se completa

71

dentro del corazón del hombre. Sin embargo, aho-

[ra nada

se puede contener, y hay un sonido
misterioso en la noche, y hay en cada
ímpetu del espacio un corpóreo latido.
¡Estrellas clavadoras, si no fuera
por vuestro hierro al vivo se desmoronaría
la noche sobre el mundo, si no fuera
por vuestro resplandor se me caería
sobre la frente el cielo! Estrellas puras
que vuelvo a ver como antes nuevamente,
claras para los ojos y para el alma oscuras.

No tan cerca. ¡Salvadme! Estoy enfrente.
El aire hace creer que surge el día
pero no los sembrados, aún serenos
en su tarea hacia la luz, que al menos
es un pueblo creciente de aves de altanería.
¿Dónde están las montañas? ¿Dónde las altas cumbres
si está más cerca siempre mi llanura
de las estrellas? ¿Dónde están las lumbres
de un corazón tan fuerte, tan hondo de ternura
que llegue en todo su latido al cielo?
Esto es sagrado. Cuanto miro y huelo
es sagrado. ¡No toque nadie! Pero
sí, tocad todos, mirad todos arriba.
¿Tan miserable es nuestro tiempo que algo
digno, algo que no se venda sino que, alto
y puro, arda en amor del pueblo y nos levante
ya no es notivo de alegría? ¡Vida,
estrella de hoy, de agosto! ¡Ved, ved, cae
con ella, allí, todo aquel tiempo nuestro!
Y así, marcadme, estrellas, como a una res.

[¡Que el fuego

me purifique! Que abra la mañana
con vosotras su luz a la que entrego
todo lo mío, todo lo vuestro, todo lo que hermana.

72

DÍA DE SOL

Me he puesto tantas veces al sol sin darme cuenta.
¡Ni un día más! De pronto, como se abre el mercado
o el taller de la plaza, qué faena, qué renta
se me abre el día de hoy. Id a mi lado
sin más arreos que la simple vida,
sin más que la humildad por aparejo.
¡No espero más! Oh, sed ropa tendida.
¡Qué nos varee el sol y el fruto viejo
caiga y sirva de abono
a la nueva sazón, y la sustente!
Repón tu apero, corazón, colono
de este terreno mío. ¡Que sea hoy el aviente,
que sea hoy el espadar del lino
y se nos mulla y quede limpio el grano!
¡No os espero ya más! Me voy por mi camino
a la solana eterna, donde en vano
tomé el sol con vosotros tantas veces
sin darme cuenta. Cuántas, cuántas veces
esperé a que por dentro de la piel nos curtiera.
No pasó de ella. Os dejo,
ahí os quedáis. Quisiera...
¡Pero ni un día más! Os aconsejo
que ya que así estáis bien estad siquiera
con llaneza y con fe. ¿Por qué ha venido
esta mañana a darme a mí tal guerra,
este sol a encender lo que he perdido?
Tapad vuestra semilla. Alzad la tierra.
Quizá así maduréis y habréis cumplido.

A LAS PUERTAS DE LA CIUDAD

Voy a esperar un poco
a que se ponga el sol, aunque estos pasos
se me vayan allí, hacia el baile mío,
hacia la vida mía. Tantos años
hice buena pareja con vosotros,
amigos. Y os dejé, y me fui a mi barrio
de juventud creyendo
que allí estaría mi verbena en vano.
¡Si creí que podíais seguir siempre
con la seca impiedad, con el engaño
de la ciudad a cuestas! ¡Si creía
que ella, la bien cercada, mal cercado
os tuvo siempre el corazón, y era
todo sencillo, todo tan a mano
como el alzar la olla, oler el guiso
y ver que está en su punto! ¡Si era claro:
tanta alegría por tan poco costo
era verdad, era verdad! Ah, cuándo
me daré cuenta de que todo es simple.
¿Qué estaba yo mirando
que no lo vi? ¿Qué hacía tan tranquila
mi juventud bajo el inmenso arado
del cielo si en cualquier parte, en la calle,
se nos hincaba, hacía su trabajo
removiéndonos hondo a pesar nuestro?
Años y años confiando
en nuestros pobres laboreos, como
si fuera nuestra la cosecha, y cuánto,
cuánto granar nos iba
cerniendo la azul criba del espacio,
el blanco harnero de la luz. Sí, nada,
nada era nuestro ya: todo nuestro amo.
Como el Duero en abril entra en la casa
del hombre y allí suena, allí va dando

su eterna empresa y su labor, y, entonces,
¿qué se podría hacer: ponerse a salvo
con el río a la puerta,
vivir como si no entrara hasta el cuarto,
hasta el más simple adobe el puro riego
de la tierra y del mundo? Y bien, al cabo
así nosotros, ¿qué otra cosa haríamos
sino tender nuestra humildad al raso,
secar al sol nuestra alegría, nuestra
sola camisa limpia para siempre?
Basta de hablar en vano
que hoy debo hacer lo que debí haber hecho.
Perdón si antes no os quise dar la mano
pero yo qué sabía. Vuelvo alegre
y esta calma de puesta da a mis pasos
el buen compás, la buena
marcha hacia la ciudad de mis pecados.
¡De par en par las puertas! Voy. Y entro
tan seguro, tan llano
como el que barbechó en enero y sabe
que la tierra no falla, y un buen día
se va tranquilo a recoger su grano.

EL CANTO DE LINOS

(Salida a la labranza)

Por mucho que haga sol no seréis puros
y ya no hay tiempo. Apenas
se mueve el aire y con la luz del día,
aún lejana en los cerros, se abre el campo
y se levanta a su labor el hombre.
Y ved: la hora mejor. ¿Y qué ha pasado
para que hoy en plena sazón sólo
nos acordemos de la siembra aquella,
de aquel trillar, de aquellos laboreos?
¡Si la cosecha no es más que el principio!
¡Fuera la hoz, sí, fuera
el corto abrazo del apero aun cuando
toda la tierra sea esperanza! Siempre,
como el buen labrador que cada año
ve alto su trigo y cree
que lo granó tan sólo su trabajo,
siempre salimos a esperar el día
con la faena a cuestas, y ponemos
la vida, el pecho al aire y un momento
somos al aire puros. Pero sólo
por un momento. Oíd desde aquí: ¿qué hondo
trajín eterno mueve nuestras manos,
cava con nuestra azada,
limpia las madres para nuestro riego?
Todo es sagrado ya y hasta parece
sencillo prosperar en esta tierra,
cargar los carros con el mismo heno
de juventud, llevarlo
por aquel mismo puente. Pero, ¿dónde,
en qué inmenso pajar cabrán los pastos
del hombre, aquellas parvas
que puede que estén frescas todavía?

¿Dónde, dónde? Tú antes,
tú, el elegido por las estaciones,
el de la gran labranza, ven conmigo.
Enséñame a sembrar en el sentido
del viento. Qué vendimia
la de hoy, a media madurez, a media
juventud. ¿Dónde el tordo que salía
de allí con la humildad del vuelo abierta
como si aún pudiera volver siempre?
No volverá. Bien sé lo que he perdido.
Pero tú baila, triunfa, tú, que puedes.
No lo digamos. No, que nadie sepa
lo que ha pasado esta mañana. Vamos
juntos. No digas más que tu cosecha,
aunque esté en tu corral, al pie de casa,
no será tuya nunca.

CON MEDIA AZUMBRE DE VINO

¡Nunca serenos! ¡Siempre
con vino encima! ¿Quién va a aguarlo ahora
que estamos en el pueblo y lo bebemos
en paz? Y sin especias,
no en el sabor la fuerza, media azumbre
de vino peleón, doncel o albillo,
tinto de Toro. Cuánto necesita
mi juventud; mi corazón, qué poco.
¡Meted hoy en los ojos el aliento
del mundo, el resplandor del día! Cuándo
por una sola vez y aquí, enfilando
cielo y tierra, estaremos ciegos. ¡Tardes,
mañanas, noches, todo, árboles, senderos,
cegadme! El sol no importa, las lejanas
estrellas... ¡Quiero ver, oh, quiero veros!
Y corre el vino y cuánta,
entre pecho y espalda cuánta madre
de amistad fiel nos riega y nos desbroza.
Voy recordando aquellos días. ¡Todos,
pisad todos la sola uva del mundo:
el corazón del hombre! ¡Con su sangre
marcad las puertas! Ved: ya los sentidos
son una luz hacia lo verdadero.
Tan de repente ha sido.
Cuánta esperanza, cuánta cuba hermosa
sin fondo, con olor a tierra, a humo.
Hoy he querido celebrar aquello
mientras las nubes van hacia la puesta.
Y antes de que las lluvias del otoño
caigan, oíd: vendimiad todo lo vuestro,
contad conmigo. Ebrios de sequía,
sea la claridad zaguán del alma.
¿Dónde quedaron mis borracherías?
Ante esta media azumbre, gracias, gracias
una vez más y adiós, adiós por siempre.
No volverá el amigo fiel de entonces.

COSECHA ETERNA

Y cualquier día se alzará la tierra.
Ved que siempre está a punto
y espera sólo un paso bien pisado.
¡Pronto, pisadla ahora,
que sube, que se sale
la leche, la esperanza
del hombre, que ya cuece
el sobrio guiso de la vida! Pero
nò, nunca así. ¡Pisadla
con fe, que el pie sencillo
sea ligera arma de pureza!
Nosotros, los mandados de la empresa,
los clientes del cielo,
¿qué más vamos a hacer? Y, nada, nada
habrá bajo la tierra que no salga
a la luz, y ved bien, a pesar nuestro,
cómo llega la hora de la trilla
y se tienden las parvas,
así nos llegará el mes de agosto,
del feraz acarreo,
y romperá hacia el sol nuestro fiel grano
porque algún día se alzará la tierra.

¿Quién con su mano eterna
nos siembra claro y nos recoge espeso?
¿Qué otra sazón sino la suya cuaja
nuestra cosecha? ¿Qué bravío empieza
a dar sabor a nuestro fruto? ¡A ese,
parad a ese, a mí, paremos todos:
nuestra semilla al viento!
Pero qué importa. ¡Ved, ved nuestro surco
avanzar como la ola,
vadle romper contra el inmenso escollo
del tiempo! Pero qué importa. ¡A la tierra,

a esta mujer mal paridera, demos
nuestra salud, el agua
de la salud del hombre! ¡Que a sus hijos
nos sienta así, nos sienta
heñirla sin dolor su vientre a salvo!
Y ahora más que nunca,
en esta hora del día en que esto canto,
el que no se dé cuenta
de que respira, no salga de casa.
¡A su puerta el aliento
de la vida, a su calle
la verbena mejor! Mucho cuidado:
quien pisa raya pisará medalla.
Sagrado es desde hoy el menor gesto.
¿No se oye como el ruido
de un inmenso redil lejano? ¡Pronto,
que va a llegar la fresca y aún estamos
a la intemperie! Oídme, yo sé un sitio...
¡Vamos, hay que ir allí, no perdáis tiempo,
no esperéis a sacar toda la ropa
que con lo puesto os basta!
¡Que se hace tarde, vámonos, que llega
la hora de la tierra y aún no cala
nuestro riego, que cumple
el gran jornal del hombre y no está el hombre!
Pero ya qué más da. La culpa es nuestra
y quién iba a decirlo, pero vedlo:
mirad a nuestros pies alta la tierra.

AL RUIDO DEL DUERO

Y como yo veía
que era tan popular entre las calles
pasé el puente y, adiós, dejé atrás todo.
Pero hasta aquí me llega, quitádmelo, estoy siempre
oyendo el ruido aquel y subo y subo,
ando de pueblo en pueblo, pongo el oído
al vuelo del pardal, al sol, al aire,
yo que sé, al cielo, al pecho de las mozas
y siempre el mismo son, igual mudanza.
¿Qué sitio éste sin tregua? ¿Qué hueste, qué altas lides
entran a saco en mi alma a todas horas,
rinden la torre de la enseña blanca,
abren aquel portillo, el silencioso,
el nunca falso? Y eres
tú, música del río, aliento mío hondo,
llaneza y voz y pulso de mis hombres.
Cuánto mejor sería
esperar. Hoy no puedo, hoy estoy duro
de oído tras los años que he pasado
con los de mala tierra. Pero he vuelto.
Campo de la verdad, ¿qué traición hubo?
¡Oíd cómo tanto tiempo y tanta empresa
hacen un solo ruido!
¡Oíd cómo hemos tenido día tras día
tanta pureza al lado nuestro, en casa,
y hemos seguido sordos!
¡Ya ni esta tarde más! Sé bienvenida,
mañana. Pronto estoy: sedme testigos
los que aún oís. Oh, río,
fundador de ciudades,
sonando en todo menos en tu lecho,
haz que tu ruido sea nuestro canto,
nuestro taller en vida. Y si algún día
la soledad, el ver al hombre en venta,

el vino, el mal amor o el desaliento
asaltan lo que bien has hecho tuyo,
ponte como hoy en pie de guerra, guarda
todas mis puertas y ventanas como
tú has hecho desde siempre,
tú, a quien estoy oyendo igual que entonces,
tú, río de mi tierra, tú, río Duradero.

A MI ROPA TENDIDA

(El alma)

Me la están refregando, alguien la aclara.
¡Yo que desde aquel día
la eché a lo sucio para siempre, para
ya no lavarla más, y me servía!
¡Si hasta me está más justa! No la he puesto
pero ahí la véis todos, ahí, tendida,
ropa tendida al sol. ¿Quién es? ¿Qué es esto?
¿Qué lejía inmortal, y qué perdida
jabonadura vuelve, qué blancura?
Como al atardecer el cerro es nuestra ropa
desde la infancia, más y más oscura
y ved la mía ahora. ¡Ved mi ropa,
mi aposento de par en par! ¡Adentro
con todo el aire y todo el cielo encima!
¡Vista la tierra tierra! ¡Más adentro!
¡No tendedla en el patio: ahí, en la cima,
ropa pisada por el sol y el gallo,
por el rey siempre!

He dicho así a media alba
porque de nuevo la hallo,
de nuevo al aire libre sana y salva.
Fue en el río, seguro, en aquel río
donde se lava todo, bajo el puente.
Huele a la misma agua, a cuerpo mío.
¡Y ya sin mancha! ¡Si hay algún valiente,
que se la ponga! Sé que le ahogaría.
Bien sé que al pie del corazón no es blanca
pero no importa: un día...
¡Qué un día, hoy, mañana que es la fiesta!
Mañana todo el pueblo por las calles
y la conocerán, y dirán: «Esta
es su camisa, aquella, la que era
sólo un remiendo y ya no le servía.
¿Qué es este amor? ¿Quién es su lavandera?»

LIBRO SEGUNDO

A UNA VIGA DE MESÓN

¡Si veo las estrellas, si esta viga
deja pasar la luz y no sostiene
ya ni la casa! Viga
de par en par al resplandor que viene
y a la dura faena
del hombre, que ha metido
tantos sueños bajo ella, tanta buena
esperanza. Así, así. ¡No haber sentido
humo de la ciudad ni mano de obra!
Siempre así. ¿No oigo el ruido aquel del río,
el viento aquel del llano? ¡Si recobra
toda su vida sobre mí, si es mío
su cobijo por esta noche, que entra
más alta a su través! ¿Cómo he podido
sostenerme hoy aquí si ella se encuentra
en pleno vuelo, si ha ido
a darlo todo a campo abierto, fuera
de esta casa, con ella? Contrafuerte
del cielo, alero inmenso, viga que era
hace sólo un momento un tronco inerte,
sé tú, sé la techumbre
para todos los hombres algún día!
Comienza a clarear. Como a una cumbre
la estoy mirando. ¡Oíd: se me caería

encima, se me caería hasta que fuera
digno de estar bajo ella y no me iría
de aquí! Pero, ¿alguien puede, alguien espera
ser digno, alzar su amor en su trabajo,
su cobijo en su suelo,
su techo en la carcoma de aquí abajo
en la que tiembla ya un nido del cielo?

A LAS GOLONDRINAS

¿Y me rozáis la frente,
y entráis por los solares igual que por el cielo
y hacéis el nido aquí ruidosamente,
entre los hombres? Qué sed tendrá el vuelo
de tierra. Más, más alto. ¡Que no os sienta
este cuerpo, que no oigan nada puro
estos oídos! Cuándo os daréis cuenta
del sol, de que ese muro
busca vuestro calor. ¡Acribilladlo
ahora, metedle el pecho hasta lo hondo
como al barro del nido; abandonadlo
si no! Oh, más, más alto. ¿Dónde, dónde me escondo?
¿Aquí, en pleno chillido, en plena tarde
de junio, en mi ciudad? Y cuántas veces
con este cielo a cuestas que tanto arde
os vi entrar en lo humilde, cuántas veces
quise alejarme con vosotras. Ahora
es bien distinto. ¡Idos! ¿Por qué hoy no hay nada
                                        [que huya?
¿Qué estáis buscando aún si el hombre ignora
que vivís junto a él y a la obra suya
dais vuestra azul tarea
beneficiando su labor, su grano
y sus cosechas? Mas dejad que sea
siempre así y aunque no haya luz y en vano
intentéis sostenerla a fuego abierto,
seguid, bajad sin desaliento. Ya era
necesario hacer pie. Cómo despierto
oyéndoos. ¡Bajad más! Si pudiera
deteneros, posaros aquí, haceros
blanco puro del aire... Si pudiera
decir qué tardes, qué mañanas mías
se han ganado... Gracias, gracias os doy con la mirada
porque me habéis traído aquellos días,
vosotras, que podéis ir y volver sin perder nada.

ANTE UNA PARED DE ADOBE

Tierra de eterno regadío, ahora
que es el tiempo de arar, ¿eres tú campo,
te abres al grano como entonces, sientes
aquel tempero? En vano
cobijarás con humildad al hombre.
Vuelve a la fe de la faena, a tu amo
de siempre, al suelo de Osma.
¿Y aquel riego tan claro
muy de mañana, el más beneficioso?
Creía yo que aún era verano
por mis andanzas, y heme
buscando techo. Si tú, que vas a dármelo
para hoy y muy pronto para siempre,
adobe con el cielo encima, a salvo
del aire que madura y del que agosta,
¿a qué sol te secaste, con qué manos
como estas mías tan feraz te hicieron,
con cuántos sueños nuestros te empajaron?
¡Mejor la sal, mejor cualquier pedrisca
que verte así: hecho andamio
de mi esperanza! Pero venid todos.
La tarde va a caer. ¡Estaos al raso
conmigo! ¡Aún no tocadle! Ya algún día,
surco en pie, palmo a palmo,
abriremos en ti una gran ventana
para ver las cosechas, como cuando
sólo eras tierra de labor y ahora
rompías hacia el sol bajo el arado.

AL FUEGO DEL HOGAR

Aún no pongáis las manos junto al fuego.
Refresca ya, y las mías
están solas; y qué importa, si luego
vais a venir, que se me queden frías.
Entonces qué rescoldo, qué alto leño,
cuánto humo subirá, como si el sueño,
toda la vida se prendiera. ¡Rama
que no dura, sarmiento que un instante
es un pajar y se consume, nunca,
nunca arderá bastante
la lumbre, aunque se haga con estrellas!
Este al menos es fuego
de cepa y me calienta todo el día.
Manos queridas, manos que ahora llego
casi a tocar, aquélla, la más mía,
¡pensar que es pronto y el hogar crepita,
y está ya al rojo vivo,
y es fragua eterna, y funde, y resucita
aquel tizón, aquel del que recibo
todo el calor ahora,
el de la infancia! Igual que el aire en torno
de la llama también es llama, en torno
de aquellas ascuas humo fui. La hora
del refranero blanco, de la vieja
cuenta, del gran jornal siempre seguro.
¡Decidme que no es tarde! Afuera deja
su ventisca el invierno y está oscuro.
Hoy o ya nunca más. Lo sé. Creía
poder estar aún con vosotros, pero
vedme, frías las manos todavía
esta noche de enero
junto al hogar de siempre. Cuánto humo
sube. Cuánto calor habré perdido.

Dejadme ver en lo que se convierte,
olerlo al menos, ver dónde ha llegado
antes de que despierte,
antes de que el hogar esté apagado.

DANDO UNA VUELTA POR MI CALLE

Basta, pies callejeros,
no estáis pisando mosto, andad, en marcha.
¿Qué hacéis por esta calle,
aquí, en la calle de mis correrías?
Más os valiera andar por otros barrios.
Siempre tan mal guiados.
cómo no ibais a caer. Es trampa,
trampa. ¿Qué cepo es éste?
¿Quién lo amañó tan bien que no hace falta
pieza y hoy por la tarde
tanto esta acera como aquel balcón me cazan?
Se abrió la veda para siempre, y siempre,
tras de tres vuelos, la perdiz a tierra.
¡Calle mayor de mi esperanza, suenen
en ti los pasos de mi vida, abre
tu palomar y salgan,
salgan al aire libre,
juegue con ellos todo el mundo al corro,
canten sin ton ni son, canten y bailen
de tejados arriba! Ved, ved cómo
aquel portal es el tonel sin fondo
donde fermenta mi niñez, y el otro,
siempre lleno de niñas, mi granero
de juventud, y el otro, el otro, el otro...
¡Alcalde óigame, alcalde,
que no la asfalten nunca, que no dejen
pisar por ella más que a los de tierra
de bien sentado pan y vino moro!
Perdón, que por la calle va quien quiere
y yo no debo hablar así. Qué multa
me pondrían ahora, a mí el primero,
si me vieran lo cojo,
lo maleante que ando desde entonces.
Alto, alto mis pasos.

Yo que esperaba darme hoy un buen día.
Calle cerca del río y de la plaza,
calle en el tiempo, no, no puedo irme,
nunca me iré de aquí: fue muy certero
el tiro.
Entonces estos años
qué mal cosido ajuar para la casa,
qué arras sin brillo para la gran boda.
Cada piedra me sea como un ascua.
Los que estáis ahí, al sol, echadme, echadme.
Ya volveré yo cuando
se me acompase el corazón con estos
pasos a los que invoco,
a los que estoy oyendo hoy por la tarde
sonar en esta acera,
en este callejón que da a la vida.

PRIMEROS FRÍOS

¿Quién nos calentará la vida ahora
si se nos quedó corto
el abrigo de invierno?
¿Quién nos dará para comprar castañas?
Allí sale humo, corazón, no a todos
se les mojó la leña.
Y hay que arrimar el alma,
hay que ir allí con pie casero y llano
porque hoy va a helar, ya hiela.
Amaneció sereno y claro el día.
¡Todas a mí mis plazas, mis campanas,
mis golondrinas! ¡Toda a mí mi infancia
antes de que esté lejos! Ya es la hora.
jamás desde hoy podré estar a cubierto.
¡Dadme el aliento hermoso,
alzad las faldas y escarbad el cisco,
la vida, en la camilla en paz, en esta
camilla madre de la tierra! Pero,
¿a qué esperamos? ¡Pronto,
como en el juego aquel del soplavivo,
corra la brasa, corra
de mano en mano el fiel calor del hombre!
El que se queme perderá. Yo pierdo.

Así ha pasado el tiempo
y el invierno se me ha ido echando encima.
Hoy sólo espero ya estar en la casa
de la que sale el humo,
lejos de la ciudad, allí, adelante...
Y ahora que cae el día
y en su zaguán oscuro se abre paso
el blanco pordiosero de la niebla,
adiós, adiós. Yo siempre
busqué vuestro calor. ¡Raza nocturna,

sombrío pueblo de perenne invierno!
¿Dónde está el corazón, dónde la lumbre
que yo esperaba? Cruzaré estas calles
y adiós, adiós. ¡Pero si yo la he visto,
si he sentido en mi vida
vuestra llama!
¡Si he visto arder en el hogar la piña
de oro!
Sólo era vuestro frío. ¡Y quiero, quiero
irme allí! Pero ahora
ya para qué. Cuando iba a calentarme
ha amanecido.

ALTO JORNAL

Dichoso el que un buen día sale humilde
y se va por la calle, como tantos
días más de su vida, y no lo espera
y, de pronto, ¿qué es esto?, mira a lo alto
y ve, pone el oído al mundo y oye,
anda, y siente subirle entre los pasos
el amor de la tierra, y sigue, y abre
su taller verdadero, y en sus manos
brilla limpio su oficio, y nos lo entrega
de corazón porque ama, y va al trabajo
temblando como un niño que comulga
mas sin caber en el pellejo, y cuando
se ha dado cuenta al fin de lo sencillo
que ha sido todo, ya el jornal ganado,
vuelve a su casa alegre y siente que alguien
empuña su aldabón, y no es en vano.

LLUVIA DE VERANO

    Baja así, el agua del cielo,
baja a vivir tu vida de la tierra
y a unirte al hombre, a su salud, al suelo
y al trabajo del campo. ¡Haber sentido
la pureza del mundo para ahora
contribuir a esta sazón, al ruido
de estos pies! ¿Por qué siempre llega la hora
del riego? Aunque sea en el verano
y aquí, llega tan fuerte
que no calma, no nubla al sol, da al llano
otra sequía más alta aún. Qué muerte
por demasía, pasajera.
nube que iba a salvar lo que ahora arrasa.
Cala, cálanos más. ¡Lo que era
polvo suba en el agua que se amasa
con la tierra, que es tierra ya y castigo
puro de lo alto! Y qué importa que impida
la trilla o queme el trigo
si nos hizo creer que era la vida.

LIBRO TERCERO

LIBRO TERCERO

EL CERRO DE MONTAMARTA DICE

Un día habrá en que llegue hasta la nube.
¡Levantadme, mañanas, o quemadme! ¿Qué puesta
de sol traerá la luz que aún no me sube
ni me impulsa? ¿Qué noche alzará en esta
ciega llanura mía la tierra hasta los cielos?
Todo el aire me ama
y se abre en torno mío, y no reposa. Helos
ahí a los hombres, he aquí su pie que inflama
mi ladera buscando más altura,
más cumbre ya sin tierra, con solo espacio. Tantos
soles abrí a sus ojos, tantos meses, en pura
rotación acerqué a sus cuerpos, tantos
días fui su horizonte. Aún les queda en el alma
mi labor, como a mí su clara muerte.

Y ahora la tarde pierde luz y hay calma
nocturna. ¡Que despierte
por última vez todo a la redonda
venga a mí, y se dé cuenta de la honda
fuerza de amor de mi árido relieve,
del ansia que alguien puso en mi ladera!
Ved que hay montes con nieve,
con arroyos, con pinos, con flor en primavera.

Ved que yo estoy desnudo, siendo sólo un inmenso
volcán hacia los aires. Y es mi altura tan poca.
¡Un arado, un arado tan intenso
que pueda hacer fructífera mi roca,
que me remueva el grano
y os lo dé, y comprendáis así mi vida!

Porque no estaré aquí sino un momento. En vano
soy todas las montañas del mundo. En vano, ida
la noche volverá otra vez la aurora
y el color gris, y el cárdeno. Ya cuando
lo mismo que una ola esté avanzando
hacia el mar de los cielos, hacia ti, hombre, que ahora
me contemplas, no lo sabréis. No habrá ya quien
                                              [me vea,
quien pueda recorrerme con los pies encumbrados,
quien purifique en mi amor y tarea
como yo purifico el olor de los sembrados.

A LA NUBE AQUELLA

Si llegase a la nube pasajera
la tensión de mis ojos, ¿cómo iría
su resplandor dejándome en la tierra?
¿Cómo me dejaría oscurecido
si es clara su labor, y su materia
es casi luz, está al menos en lo alto?
¡Arrancad esa límpida osamenta
dejando ver un corazón aéreo,
fuerte con su latido de tormenta!
Qué vida y muerte fulminantes. ¡Sea
también así en mi cuerpo! ¡A puro asalto
cobrádmelo, haced de él vuestra faena!
Si se acercase a mí, si me inundara
la vida con su vida tan intensa.
No lo resistiría. Pero, ¿acaso
alguien es digno de ello? ¿No se esfuerza
la nube por morir en tanto espacio
para incendiarlo de una vez? Entrega,
palabra pura de los cielos, himno:
suena como la voz del hombre, suena
y pasa, pasa así, dinos tu viva
verdad en esta clara hora terrena,
en esta oscura vida que huye y pasa
y nunca en ello podrá ver la inmensa,
sola alegría de aquí abajo, nube,
alma quizá en que un cuerpo se serena.

¿Y dónde están las nubes de otros días,
en qué cielo inmortal de primavera?
El blanco espacio en que estuvieron, ¿siente
aún su compañía y va con ella
creando un nuevo resplandor, lo mismo
que a media noche en la llanura queda
todo el impulso de la amanecida?

lejos de donde el hombre se ha vendido,
aquel granero, ¿para qué cosecha?
Oh, nube que huye y cambia a cada instante
como si un pueblo altísimo de abejas
fuera allí trabajando a fuego limpio.
Nube que nace sin dolor, tan cerca.
¡Y vivir en el sitio más hermoso
para esto, para caer a tierra
o desaparecer! No importa cómo
pero ahora, la nube aquella, aquella
que es nuestra y está allí, si no habitarla,
ya, quién pudiera al menos retenerla.

LIBRO CUARTO

VISIÓN A LA HORA DE LA SIESTA

¡Si esa es mi hermana y cose cuarto adentro
tan tranquila y, de pronto,
¡quitadla!, le da el sol y un simple rayo
la enhebra, y en él queda bien zurcida,
puntada blanca de la luz del mundo!
Y, ¡cerrad las ventanas!, ese rayo,
eterna levadura, se nos echa
encima, y nos fermenta, y en él cuaja
nuestro amasado corazón y, como
la insurrección de un pueblo,
se extiende, avanza, cubre
toda la tierra ya, teje y desteje
la estopa hostil del hombre y allí, a una,
en el mesón del tiempo, siempre caro,
allí, a la puerta, en el telar hermoso,
vamos tejiendo, urdiendo
la camisa de Dios, el limpio sayo
de la vida y la muerte. Pero, ¿ahora,
qué pasa?: cuando estaba
viendo colgar del cielo
la bandera inmortal, como en los días
de fiesta en mi ciudad cuelga la enseña
roja y gualda, oídme, cuando

veía ese inmenso lienzo en el que cada
ligera trama es una vida entera
ocupar el espacio,
he aquí que un aliento, un tenue oreo,
después una voz clara
se alza, y con tal temple,
con tal metal esa voz suena ahora
que hilo a hilo cantando se descose
una vida, otra, otra,
de aquel gran sayo, y se oye como un himno,
escuchad, y de pronto...

De pronto estoy despierto y es de día.

INCIDENTE EN LOS JERÓNIMOS

¡Que ahora va de verdad, que va mi vida
en ello! Si otros días
oisteis mi chillo en torno de este templo,
olvidadlo. ¡Que ahora
no veréis a este grajo
picar el huevo ni saquear el nido!
Ya nunca merendero,
nunca buscando el hato,
las albardas del hombre,
porque nada hubo allí sino ruin salsa.
Oídme, el soto, el aire,
malva, cardillo, salvia, mijo, orégano,
tú, mi pareja en celo,
todos, oídme: aquello no fue nunca
mi vida. Mala huelga.
Y hoy, ¿qué cera inmortal bruñe mi pico?
Mi aéreo corazón, ¿dónde aldabea
con su sangre, en qué alto
portalón de los cielos para que abra
el menestral del buen amor su casa
y me diga que allí, allí está lo mío?
Ahí, dentro del templo
con el sol del membrillo, el de setiembre,
¡Ya no lo pienso más! Adiós. Ya pronto...
Entro por el ventano
y qué bien va mi vuelo por la bóveda
de la niñez, airoso
como sobre la plaza a media tarde.
¡Que esto dure! ¡Prometo
pasar tan limpio como golondrina
cuando bebe! ¡Prometo
no tocar nada, pero que esto dure!
No durará. Dejadme
donde ahora estoy, en el crucero hermoso

de juventud. Y veo
la crestería en luz de la esperanza
arriba, arriba siempre.
Paso el arco fajón, faja de fiesta,
y el floral capitel. ¡Que siga, siga
el baile! ¡Más, doncellas, primavera,
alma del hombre! Y tú, ve de jarana,
viento de tantos años.
Deja caer este día como un fruto
de libertad. Recuerda
nuestras andanzas de oro,
tú recuerda, recuerda
la fugaz alegría
de los hombres, su fiesta
tan pobre en días y tan rica en tiempo.
Pero, ¿qué pasa ahí? ¿Es que el sol se ha puesto
y entra el alón tendido de las sombras?
¡Águilas, dadme, águilas,
el retráctil poder de vuestra garra
para afincarme bien en la moldura,
en el relieve del amor que sube
por el cimborrio al cielo! Algo me queda,
algo de vino fiel y verbeneo.
Pero, ¿aquí qué ha pasado? ¿Dónde anda
mi vida, dónde anda
mi pueblo? ¡Monaguillo,
tú, el hostiero mayor, que ya me empiezan
a flaquear el ala y la pechuga!
¿Y esa talla, ese estuco. ese retablo
de la vejez? ¡Que empieza
ya el sofoco, que el buche
lo llevo mal cumplido como en tiempo
de muda, que ya apenas
si me bulle el plumón! ¿Quién me ha metido
en el cañón de cada pluma la áspera
médula gris del desaliento? Eh, niños,
feligreses, vosotros,
los que venís a esta parroquia, guiadme.
Estoy cerca, ¿verdad?, que ya no puedo.

Qué marejada, qué borrasca inmensa
bate mi quilla, quiebra mi plumaje
timonero. Este grajo,
este navío hace agua. Volver quiero,
volver quiero a volar con mi pareja.
Sí, festiva asamblea de las tardes,
ah, compañeros, ¿dónde,
dónde estáis que no os oigo?
No importa. Llegaré. Desde la cúpula
veré mejor. Y ahora,
vereda va y vereda viene, ¿en qué aire,
por qué camino voy? ¡Que ya no puedo
ni ver siguiera, que zozobro y choco
contra la piedra, contra
los muros de este templo, de esta patria!
¡Niños, venid, atadme,
prefiero que me atéis los pies con vuestro
cordel azul de la pureza! Quieto,
quisiera estar en paz por un momento.
Llegaré. Llegaré. Ahí está mi vida,
ahí está el altar, ahí brilla mi pueblo.
Un poco más. Ya casi...
Tú, buen aliento, sigue
un poco más, alicas,
corazón, sólo un poco...
Así, así... Ya, ya... ¡Qué mala suerte!
¡Ya por tan poco! Un grajo aquí, ya en tierra.

LA CONTRATA DE MOZOS

¿Qué estáis haciendo aquí? ¿Qué hacemos todos
en medio de la plaza y a estas horas?
Con tanto sol, ¿quién va a salir de casa
sólo por ver qué tal está la compra,
por ver si tiene buena cara el fruto
de nuestra vida, si no son las sobras
de nuestros años lo que le vendemos?
¡A cerrar ya! ¡Vámonos pronto a otra
feria donde haya buen mercado, donde
regatee la gente, y sise, y coja
con sus manos nuestra uva, y nos la tiente
a ver si es que está pasa! ¿A qué otra cosa
hemos venido aquí sino a vendernos?
Y hoy se fía, venid, que hoy no se cobra.
Es tan sencillo, da tanta alegría
ponerse al sol una mañana hermosa,
pregonar nuestro precio y todo cuanto
tenemos de hombres darlo a la rendonda.
Hemos venido así a esta plaza siempre,
con la esperanza del que ofrece su obra,
su juventud al aire. ¿Y sólo el aire
ha de ser nuestro cliente? ¿Sin parroquia
ha de seguir el que es alquiladizo,
el que viene a pagar su renta? Próspera
fue en otro tiempo nuestra mercancía,
cuando la tierra nos la compró toda.
Entonces, lejos de esta plaza, entonces,
en el mercado de la luz. Ved ahora
en qué paró aquel género. Contrata,
lonja servil, teatro de deshonra.
Junto a las duras piedras de rastrillo,
junto a la hoz y la criba, el bieldo y la horca,
ved aquí al hombre, ved aquí al apero
del tiempo. Junto al ajo y la cebolla,

ved la mocil cosecha de la vida.
Ved aquí al mocerío. A ver, ¿quién compra
este de pocos años, de la tierra
del pan, de buen riñón, de mano sobria
para la siega; este otro, de la tierra
del vino, algo coplero, de tan corta
talla y tan fuerte brazo, el que más rinde
en el trajín del acarreo? ¡Cosa
regalada!

Y no viene nadie, y pronto
el sol de junio irá de puesta. Próspera
fue en otro tiempo nuestra mercancía.
Pero esperad, no recordéis ahora.
¡Nuestra feria está aquí! Si hoy no, mañana;
si no mañana, un día. Lo que importa
es que vendrán, vendrán de todas partes,
de mil pueblos del mundo, de remotas
patrias vendrán los grandes compradores,
los del limpio almacén. ¡Nadie recoja
su corazón aún! Ya sé que es tarde
pero vendrán, vendrán. ¡Tened la boca
lista para el pregón, tened la vida
presta para el primero que la coja!
Ya sé que hoy es igual que el primer día
y así han pasado una mañana y otra
pero nuestra uva no se ablanda, siempre,
siempre está en su sazón, nunca está pocha.
Tened calma, los oigo. Ahí, ahí vienen.

Y así seguimos mientras cae la tarde,
mientras sobre la plaza caen las sombras.

SIEMPRE SERÁ MI AMIGO

Siempre será mi amigo no aquel que en primavera
sale al campo y se olvida entre el azul festejo
de los hombres que ama, y no ve el cuero viejo
tras el nuevo pelaje, sino tú, verdadera

amistad, peatón celeste, tú, que en el invierno
a las claras del alba dejas tu casa y te echas
a andar, y en nuestro frío hallas abrigo eterno
y en nuestra honda sequía la voz de las cosechas.

UN RAMO POR EL RÍO

¡Que nadie hable de muerte en este pueblo!
¡Fuera del barrio del ciprés hoy día
en que los niños van a echar el ramo,
a echar la muerte al río!
¡Salid de casa: vámonos a verla!
¡Ved que allá va, miradla, ved que es cosa
de niños! Tanto miedo
para esto. Tirad, tiradle piedras
que allá va, que allá va. Sí, lo que importa
es que esté lejos. ¿Recordáis ahora
cómo la flota eterna
de las estrellas sobre el agua
boga todas las noches, alta armada
invencible? ¡Ese ramo
a flor de agua también, a flor de vida!
¡Nadie se quede en casa hoy! ¡Al río,
que allá va el ramo, allá se va la muerte
más florida que nunca.!

...Ya no se ve. Dios sabe
si volverá, pero este año
será de primavera en nuestro pueblo.

CAZA MAYOR

Dura y sin hoyo está mi cama ahora.
¿Quién ha dormido aquí, madre, quién la hizo
tan mal todo este tiempo? ¡Venga, venga
lo mío! ¡Madre, a ver qué desbandada
es ésta! Ahí, van, tú dices,
todos los sueños, ahí van las palomas.
¡Al ojeo, al ojeo! Las conozco:
esa es de corto vuelo, aquella otra
nuevica es, la otra pedigüeña,
algo cegata la del alba malva,
la de cargado buche, tan sencilla.
Nunca creí tan simple
verlas hoy aquí en tierra, aquí a mi lado.
¡Pero que se me van! ¡Cerrad las puertas!,
cerrad esa ventana que mi vida
se va! Madre, ¿quién hizo
tan mal mi cama, con tal revoltijo?
¡No! ¡Esos vencejos, esos
sueños de juventud que van y vienen,
que me aletean en la cara! ¡Quietos,
quietos! ¡Estad como ese,
quietos en la pared, crucificados!
Ah, se me ponga siempre
el sol donde no me halle con vosotros.
¡Fuera, fuera! He venido
a descansar. La culpa
es tuya, madre, que no me velaste.
Mira cómo aquel niño
se arrebuja en su sueño
como en su manta, y llega
a madurar en él, y se hace grano
allí dentro, en la prieta vaina pura,
y apunta ya, y no sabe, y la cosecha...
Él qué sabía de esto,

qué sabía que el hombre
ha de alumbrar sus sueños como el barbo
sus huevas, restregándose
contra la peña, contra lecho y lecho.
y éste es el mío. ¡Madre, di, decidme
que no iré más por ahí dando mi vida,
que dormiré aquí siempre! ¡Todos, todos
mis sueños a esta cama! Los conozco.
Qué cacería a campo abierto, a tiro
limpio ¡Sus, sus, azuza,
corazón, que ahí está la pieza! ¡Olisca
vida mía, rastrea
esta sangre, esta cálida
· música fiel del sueño!
¡Sea yo quien lo vea
entre las firmes patas de mis años!
¡Eh, fierecilla, liebre,
no temas nada, enséñame
a dormir con los ojos
abiertos! Yo quisiera,
madre, que este cantar fuera sencillo
como entonces lo fue. Muy lejos, lejos
de esta carnicería, de este pueblo
de halcones que ahora envisco
para vivir. Tú, madre, escucha, dime
que no se me ha volcado ningún sueño,
que mi cama está limpia.
Pero oídme, yo nunca
me olvidé de vosotros. ¡Todos juntos
entremos hoy, cacemos
en el primaveral coto florido
el buen soñar del hombre!
¡Vamos a esa ciudad! ¡Unos con otros,
nadie se quedará sin pieza, todos
los sueños, toda
nuestra vida cantando!
¡En el cepo cantando
la pieza hasta que se oiga
un solo son, un solo sueño hermoso!

¡Vamos a esa ciudad, vámonos ahora!
Aquí no estoy. Madre, ésta no es mi cama.
¡Pero si es la de todos, si es la dura
pero con hoyo! Tierra. ¿Y quién la hizo
tan mal todo este tiempo, madre mía?

EL BAILE DE ÁGUEDAS

Veo que no queréis bailar conmigo
y hacéis muy bien. Si hasta ahora
no hice más que pisaros, si hasta ahora
no moví al aire vuestro estos pies cojos.
Tú siempre tan bailón, corazón mío.
¡Métete en fiesta; pronto,
antes de que te quedes sin pareja!
¡Hoy no hay escuela!, ¡al río,
a lavarse primero,
que hay que estar limpios cuando llegue la hora!
Ya están ahí, ya vienen
por el raíl con sol de la esperanza
hombres de todo el mundo. Ya se ponen
a dar fe de su empleo de alegría.
¿Quién no esperó la fiesta?
¿Quién los días del año
no los pasó guardando bien la ropa
para el día de hoy? Y ya ha llegado.
Cuánto manteo, cuánta media blanca,
cuánto refajo de lanilla, cuánto
corto calzón. ¡Bien a lo vivo, como
esa moza se pone su pañuelo,
poned el alma así, bien a lo vivo!
Echo de menos ahora
aquellos tiempos en los que a sus fiestas
se unía el hombre como el suero al queso.
Entonces sí que daban
su vida al sol, su aliento al aire, entonces
sí que eran encarnados en la tierra.
Para qué recordar. Estoy en medio
de la fiesta y ya casi
cuaja la noche pronta de febrero.
Y aún sin bailar: yo solo.
¡Venid, bailad conmigo, que ya puedo

arrimar la cintura bien, que puedo
mover los pasos a vuestro aire hermoso!
¡Águedas, aguedicas,
decidles que me dejen
bailar con ellos, que yo soy del pueblo,
soy un vecino más, decid a todos
que he esperado este día
toda la vida! Oídlo.
Óyeme tú, que ahora
pasas al lado mío y un momento,
sin darte cuenta, miras a lo alto
y a tu corazón baja
el baile eterno de Águedas del mundo,
óyeme tú, que sabes
que se acaba la fiesta y no la puedes
guardar en casa como un limpio apero,
y se te va, y ya nunca...
tú, que pisas la tierra
y aprietas tu pareja, y bailas, bailas.

PINAR AMANECIDO

Viajero, tú nunca
te olvidarás si pisas estas tierras
del pino.
Cuánta salud, cuánto aire
limpio nos da. ¿No sientes
junto al pinar la cura,
el claro respirar del pulmón nuevo,
el fresco riego de la vida? Eso
es lo que importa. ¡Pino piñonero,
que llegue a la ciudad y sólo vea
la cercanía hermosa
del hombre! ¡Todos juntos,
pared contra pared, todos del brazo
por las calles
esperando las bodas
de corazón!
¡Que vea, vea el corro
de los niños, y oiga
la alegría!
¡Todos cogidos de la mano, todos
cogidos de la vida
en torno
de la humildad del hombre!
Es solidaridad. Ah, tú, paloma
madre: mete el buen pico,
mete el buen grano hermoso
hasta el buche a tus crías.
Y ahora, viajero,
al cantar por segunda vez el gallo,
ve al pinar y allí espérame.
Bajo este coro eterno
de las doncellas de la amanecida,
de los fiesteros mozos del sol cárdeno,
tronco a tronco, hombre a hombre,

pinar, ciudad, cantemos:
que el amor nos ha unido
pino por pino, casa
por casa.
Nunca digamos la verdad en esta
sagrada hora del día.
Pobre de aquel que mire
y vea claro, vea
entrar a saco en el pinar la inmensa
justicia de la luz, esté en el sitio
que a la ciudad ha puesto la audaz horda
de las estrellas, la implacable hueste
del espacio.
Pobre de aquel que vea
que lo que une es la defensa, el miedo.
¡Un paso al frente el que ose
mirar la faz de la pureza, alzarle
la infantil falda casta
a la alegría!
Qué sutil añagaza, ruin chanchullo,
bien adobado cebo
de la apariencia.
¿Dónde el amor, dónde el valor, sí, dónde
la compañía? Viajero,
sigue cantando la amistad dichosa
en el pinar amaneciente. Nunca
creas esto que he dicho:
canta y canta. Tú, nunca
digas por estas tierras
que hay poco amor y mucho miedo siempre.

Alianza y Condena

Para Clara

LIBRO PRIMERO

BRUJAS A MEDIODÍA

(Hacia el conocimiento)

I

No son cosas de viejas
ni de agujas sin ojo o alfileres
sin cabeza. No salta,
como sal en la lumbre, este sencillo
sortilegio, este viejo
maleficio. Ni hisopo
para rociar ni vela
de cera virgen necesita. Cada
forma de vida tiene
un punto de cocción, un meteoro
de burbujas. Allí, donde el sorteo
de los sentidos busca
propiedad, allí, donde
se cuaja el ser, en ese
vivo estambre, se aloja
la hechicería. No es tan sólo el cuerpo,
con su leyenda de torpeza, lo que
nos engaña: en la misma

constitución de la materia, en tanta
claridad que es estafa,
guiños, mejunjes, trémulo
carmín, nos trastornaban. Y huele
a toca negra y aceitosa, a pura
bruja este mediodía de setiembre;
y en los pliegues del aire,
en los altares del espacio, hay vicios
enterrados, lugares
donde se compra el corazón, siniestras
recetas para amores. Y en la tensa
maduración del día, no unos labios
sino secas encías,
nos chupan de la sangre
el rezo y la blasfemia,
el recuerdo, el olvido,
todo aquello que fue sosiego o fiebre.
Como quien lee en un renglón tachado
el arrepentimiento de una vida,
con tesón, con piedad, con fe, aun con odio,
ahora, a mediodía, cuando hace
calor y está apagado
el sabor, contemplamos
el hondo estrago y el tenaz progreso
de las cosas, su eterno
delirio, mientras chillan
las golondrinas de la huida.

II

  La flor del monte, la manteca añeja,
el ombligo de niño, la verbena
de la mañana de San Juan, el manco
muñeco, la resina,
buena para caderas de mujer,
el azafrán, el cardo bajo la olla
de Talavera con pimienta y vino,
todo lo que es cosa de brujas, cosa

natural, hoy no es nada
junto a este aquelarre
de imágenes que, ahora,
cuando los seres dejan poca sombra,
da un reflejo: la vida.
La vida no es reflejo
pero, ¿cuál es su imagen?
Un cuerpo encima de otro
¿siente resurrección o muerte? ¿Cómo
envenenar, lavar
este aire que no es nuestro pulmón?
¿Por qué quien ama nunca
busca verdad, sino que busca dicha?
¿Cómo sin la verdad
puede existir la dicha? He aquí todo.

Pero nosotros nunca
tocamos la sutura,
esa costura (a veces un remiendo,
a veces un bordado),
entre nuestros sentidos y las cosas,
esa fina arenilla
que ya no huele dulce sino a sal,
donde el río y el mar se desembocan,
un eco en otro eco, los escombros
de un sueño en la cal viva
del sueño aquel por el que yo di un mundo
y lo seguiré dando. Entre las ruinas
del sol, tiembla
un nido con calor nocturno. Entre
la ignominia de nuestras leyes, se alza
el retablo con viejo
oro y vieja doctrina
de la nueva justicia. ¿En qué mercados
de altas sisas el agua
es vino, el vino sangre, sed la sangre?
¿Por qué aduanas pasa
de contrabando harina
como carne, la carne

como polvo y el polvo
como carne futura?

Esto es cosa de bobos. Un delito
común este de andar entre pellizcos
de brujas. Porque ellas
no estudian sino bailan
y mean, son amigas
de bodegas. Y ahora,
a mediodía,
si ellas nos besan desde tantas cosas,
¿dónde estará su noche,
dónde sus labios, dónde nuestra boca
para aceptar tanta mentira y tanto
amor?

GESTOS

Una mirada, un gesto,
cambiarán nuestra raza. Cuando actúa mi mano,
tan sin entendimiento y sin gobierno,
pero con errabunda resonancia,
y sondea, buscando
calor y compañía en este espacio
en donde tantas otras
han vibrado, ¿qué quiere
decir? Cuántos y cuántos gestos como
un sueño mañanero,
pasaron. Como esa
casera mueca de las figurillas
de la baraja, aunque
dejando herida o beso, sólo azar entrañable.
Más luminoso aún que la palabra,
nuestro ademán, como ella
roído por el tiempo, viejo como la orilla
del río, ¿qué
significa?
¿Por qué desplaza el mismo aire el gesto
de la entrega o del robo,
el que cierra una puerta o el que la abre,
el que da luz o apaga?
¿Por qué es el mismo el giro del brazo cuando siembra
que cuando siega,
el del amor que el del asesinato?

Nosotros, tan gesteros pero tan poco alegres,
raza que sólo supo
tejer banderas, raza de desfiles,
de fantasías y de dinastías,
hagamos otras señas.
No he de leer en cada palma, en cada
movimiento, como antes. No puedo ahora frenar

la rotación inmensa del abrazo
para medir su órbita
y recorrer su emocionada curva.
No, no son tiempos
de mirar con nostalgia
esa estela infinita del paso de los hombres.
Hay mucho que olvidar
y más aún que esperar. Tan silencioso
como el vuelo del búho, un gesto claro,
de sencillo bautizo,
dirá, en un aire nuevo,
mi nueva significación, su nuevo
uso. Yo sólo, si es posible,
pido, cuando me llegue la hora mala,
la hora de echar de menos tantos gestos queridos,
tener fuerza, encontrarlos
como quien halla un fósil
(acaso una quijada aún con el beso trémulo)
de una raza extinguida.

PORQUE NO POSEEMOS

(La mirada)

I

Porque no poseemos,
vemos. La combustión del ojo en esta
hora del día, cuando la luz, cruel
de tan veraz, daña
la mirada, ya no me trae aquella
sencillez. Ya no sé qué es lo que muere,
qué lo que resucita. Pero miro,
cojo fervor, y la mirada se hace
beso, ya no sé si de amor o traicionero.
Quiere acuñar las cosas,
detener su hosca prisa
de adiós, vestir, cubrir
su feroz desnudez de despedida
con lo que sea: con esa membrana
delicada del aire,
aunque fuera tan solo
con la sutil ternura
del velo que separa las celdillas
de la granada. Quiere untar su aceite,
denso de juventud y de fatiga,
en tantos goznes luminosos que abre
la realidad, entrar
dejando allí, en alcobas tan fecundas,
su poso y su despojo,
su nido y su tormenta,
sin poder habitarlas. Qué mirada
oscura viendo cosas
tan claras. Mira, mira:
allí sube humo, empiezan
a salir de esa fábrica los hombres,

bajos los ojos, baja la cabeza.
Allí está el Tormes con su cielo alto,
niños por las orillas, entre escombros
donde escarban gallinas, Mira, mira:
ve cómo ya, aun con muescas y clavijas,
con ceños y asperezas,
van fluyendo las cosas. Mana, fuente
de rica vena, mi mirada, mi única
salvación, sella, graba,
como en un árbol los enamorados,
la locura armoniosa de la vida
en tus veloces aguas pasajeras.

II

La misteriosa juventud constante
de lo que existe, su maravillosa
eternidad, hoy llaman
con sus nudillos muy heridos a esta
pupila prisionera. Hacía tiempo
(qué bien sé ahora el por qué) me era lo mismo
ver flor que llaga, cepo que caricia;
pero esta tarde ha puesto al descubierto
mi soledad y miro
con mirada distinta. Compañeros
falsos y taciturnos,
cebados de consignas, si tan ricos
de propaganda, de canción tan pobres;
yo mismo, que fallé, tantas ciudades
con ese medallón de barro seco
de la codicia, tanto
pueblo rapaz, al que a mi pesar quiero,
me fueron, a hurtadillas,
haciendo mal de ojo, y yo seguía
entre los sucios guiños, esperando
un momento. Éste de hoy. Tiembla en el aire
la última luz. Es la hora

en que nuestra mirada
se agracia y se adoncella.
La hora en que, al fin, con toda
la verguenza en la cara, miro y cambio
mi vida entera por una mirada,
esa que ahora está lejos,
la única que me sirve, por la sola
cosa por la que quiero estos dos ojos:
esa mirada que no tiene dueño.

CÁSCARAS

I

El nombre de las cosas, que es mentira
y es caridad, el traje
que cubre el cuerpo amado
para que no muramos por la calle
ante él, las cuatro copas
que nos alegran al entrar en esos
edificios donde hay sangre y hay llanto,
hay vino y carcajadas,
el precinto y los cascos,
la cautela del sobre, que protege
traición o amor, dinero o trampa,
la inmensa cicatriz que oculta la honda herida,
son nuestro ruin amparo.
Los sindicatos, las cooperativas,
los montepíos, los concursos;
ese prieto vendaje
de la costumbre, que nos tapa el ojo
para que no ceguemos,
la vana golosina de un día y otro día
templándonos la boca
para que el diente no busque la pulpa
fatal, son un engaño
venenoso y piadoso. Centinelas
vigilan. Nunca, nunca
darán la contraseña que conduce
a la terrible munición, a la verdad que mata.

Entre la empresa, el empresario, entre
prosperidad y goce,
entre un error prometedor y otra
ciencia a destiempo,
con el duro consuelo
de la palabra, que termina en burla
o en provecho o defensa,
o en viento
enerizo, o en pura
mutilación, no en canto;
entre gente que sólo
es muchedumbre, no
pueblo, ¿dónde
la oportunidad del amor,
de la contemplación libre o, al menos,
de la honda tristeza, del dolor verdadero?
La cáscara y la máscara,
los cuarteles, los foros y los claustros,
diplomas y patentes, halos, galas,
las más burdas mentiras:
la de la libertad, mientras se dobla
la vigilancia,
¿han de dar vida a tanta
juventud macerada, tanta fe corrompida?

Pero tú quema, quema
todas las cartas, todos los retratos,
los pajares del tiempo, la avena de la infancia.
El más seco terreno
es el de la renuncia. Quién pudiera
modelar con la lluvia esta de junio
un rostro, dices. Calla
y persevera, aunque

ese rostro sea lluvia,
muerde la dura cáscara,
muerde aunque nunca llegues
hasta la celda donde cuaja el fruto.

POR TIERRA DE LOBOS

I

Arrodillado sobre
tantos días perdidos
contemplo hoy mi trabajo como a esa
ciudad lejana, a campo
abierto.
Y tú me culpas de ello,
corazón, duro amo.
Que recuerde y olvide,
que aligere y que cante
para pasar el tiempo,
para perder el miedo;
que tantos años vayan de vacío
por si nos llega algo
que cobije a los hombres.
Como siempre, ¿eso quieres?
En manada, no astutos
sino desconfiados,
unas veces altivos
otras menesterosos, por inercia
e ignorancia, en los brazos
del rencor, con la honra
de su ajo crudo y de su vino puro,
tú recuerda, recuerda
cuánto en su compañía
ganamos y perdimos.
¿Cómo podrás ahora
acompasar deber
con alegría, dicha
con dinero? Mas sigue.
No hay que buscar ningún
beneficio.

Lejos están aquellas
mañanas.

   Las mañanas aquellas, pobres de vestuario
como la muerte, llenas
de rodillas beatas y de manos
del marfil de la envidia, y de unos dientes
muy blancos y cobardes,
de conejo. Esas calles
de hundida proa, con costumbre añosa
de señera pobreza,
de raída arrogancia, como cuñas
que sostienen tan sólo
una carcoma irremediable. Y notas
de sociedad, linaje, favor público,
de terciopelo y pana, caqui y dril,
donde la adulación color lagarto
junto con la avaricia olor a incienso
me eran como enemigos
de nacimiento. Aquellas
mañanas con su fuerte
luz de meseta, tan consoladora.
Aquellas niñas que iban al colegio,
de ojos castaños casi todas ellas,
aún no lejos del sueño y ya muy cerca
de la alegría. Sí, y aquellos hombres
en los que confié, tan sólo ávidos
de municiones y de víveres...

A veces, sin embargo, en esas tierras
floreció la amistad. Y muchas veces
hasta el amor. Doy gracias.

II

   Erguido sobre
tantos días alegres,
sigo la marcha. No podré habitarte,
ciudad cercana. Siempre seré huésped,
nunca vecino.

Ahora ya el sol tramonta. De esos cerros
baja un olor que es frío aquí en el llano.
El color oro mate poco a poco
se hace bruñida plata. Cae la noche.

No me importó otras veces
la alta noche,
recordadlo. Sé que era lamentable
el trato aquel, el hueco
repertorio de gestos
desvencijados,
sobre cuerpos de vario
surtido y con tan poca
gracia para actuar. Y los misales,
y las iglesias parroquiales,
y la sotana y la badana, hombres
con diminutos ojos triangulares
como los de la abeja,
legitimando oficialmente el fraude,
la perfidia, y haciendo
la vida negociable, las mujeres
de honor pulimentado, liquidadas
por cese o por derribo,
su mocedad y su frescura
cristalizadas en
ansiedad, rutina
vitalicia, encogiendo
como algodón. Sí, sí, la vieja historia.
Como en la vieja historia oí aquellas
palabras a alta noche, con alcohol,
o de piel de gamuza
o bien correosas, córneas, nunca humanas.
Vi la decrepitud, el mimbre negro.
Vi que eran dolorosas las campanas
a las claras del alba.

Es hora muy tardía
mas quiero entrar en la ciudad. Y sigo.
Va a amanecer. ¿Dónde hallaré vivienda?

EUGENIO DE LUELMO

Que vivió y murió junto al Duero.

I

Cuando amanece alguien con gracia, de tan sencillas
como a su lado son las cosas, casi
parecen nuevas, casi
sentimos el castigo, el miedo oscuro
de poseer. Para esa
propagación inmensa del que ama
floja es la sangre nuestra, la eficacia de este hombre,
sin ensayo, el negocio
del mar que eran sus gestos, ola a ola,
flor y fruto a la vez, y muerte, y nacimiento
al mismo tiempo, y ese gran peligro
de su ternura, de su modo de ir
por las calles, nos daban
la única justicia: la alegría.
Como quien fuma al pie
de un polvorín sin darse cuenta, íbamos con él
y, como era tan fácil
de invitar, no veíamos
que besaba al beber y que al hacerle trampas
en el tute, más en el mus, jugaba
de verdad, con sus cartas
sin marca. Él, cuyo oficio sin horario
era la compañía, ¿cómo iba
a saber que su Duero
es mal vecino?

II

Caminos por ventilar
que oreó con su asma,
son de tambores del que él hizo arrullo
siendo de guerra, leyes que dividían
a tajo hombre por hombre
de las que él hizo injertos para poblar su agrio
vacío no con saña,
menos con propaganda,
sino con lo más fertil: su llaneza,
todo ardía en el horno de sus setenta y dos años.
Allí todo era llama
siempre atizada, incendio sin cenizas
desde el sueldo hasta el hijo,
desde las canas hasta la ronquera,
desde la pana al alma. Como alondra
se agachaba al andar, y se le abría un poco
el compás de las piernas, con el aire
del que ha cargado mucho (tan distinto
del que monta a caballo o del marino).
Apagada la oreja,
oliendo a cal, a arena, a vino, a sebo,
iba sin despedida:
todo él era retorno.
Esa velocidad conquistadora
de su vida, su sangre
de lagartija, de águila, y de perro,
se nos metían en el cuerpo como
música caminera. Ciegos para el misterio
y, por lo tanto, tuertos
para lo real, ricos sólo de imágenes
y sólo de recuerdos, ¿cómo vamos ahora
a celebrar lo que es suceso puro,
noticia sin historia, trabajo que es hazaña?

III

No bajo la cabeza,
Eugenio, aunque yo bien sé que ahora
no me conocerían ni aun en casa.
La muerte no es un río, como el Duero,
ni tampoco es un mar. Como el amor, el mar
siempre acaba entre cuatro
paredes. Y tú, Eugenio, por mil cauces
sin crecida o sequía,
sin puentes, sin mujeres
lavando ropa, ¿en qué aguas
te has metido?
Pero tú no reflejas, como el agua;
como tierra, posees.
Y el hilván de estas calles
de tu barriada al par del río,
y las sobadas briscas,
y el dar la mano sin dar ya verano
ni realidad, ni vida
a mansalva, y la lengua
ya tonta de decir «adiós», «adiós»,
y el sol ladrón y huido,
y esas torres de húmeda
pólvora, de calibre
perdido, y yo, con este aire de primero de junio
que hace ruido en mi pecho,
y los amigos... Mucho,
en poco tiempo mucho ha terminado.
Ya cuesta arriba o cuesta abajo,
hacia la plaza o hacia tu taller,
todo nos mira ahora
de soslayo, nos coge
fuera de sitio.
Nos da como verguenza
vivir, nos da verguenza

respirar, ver lo hermosa
que cae la tarde. Pero
por el ojo de todas las cerraduras del mundo
pasa tu llave, y abre
familiar, luminosa,
y así entramos en casa
como aquel que regresa de una cita cumplida.

NOCHE EN EL BARRIO

Nunca a tientas, así, como ahora, entra
por este barrio. Así, así, sin limosna,
sin tregua, entra, acorrala,
mete tu cruda forja
por estas casas. De una vez baja, abre
y cicatriza esta honda
miseria. Baja ahora que no hay nadie,
noche mía, no alejes, no recojas
tu infinito latir ávido. Acaba
ya de cernirte, acosa
de una vez a esta presa a la que nadie
quiere valer. Sólo oiga,
noche mía, después de tantos años,
el son voraz de tu horda luminosa
saqueando hasta el fondo
tanta orfandad, la agria pobreza bronca
de este bloque en silencio que está casi
en el campo y aloja
viva siembra vibrante. Desmantele
tu luz nuestra injusticia y nos la ponga
al aire, y la descarne,
y la sacuda, y la haga pegajosa
como esta tierra, y que nos demos cuenta
de que está aquí, a dos pasos. Protectora
nunca, sí con audacia.
Acusa. Y que la casta,
la hombría de alta cal, los sueños, la obra,
el armazón desnudo de la vida
se crispen...
    Y estás sola,
tú, noche, enloquecida de justicia,
anonadada de misericordia,
sobre este barrio trémulo al que nadie
vendrá porque es la historia

de todos, pero al que tú siempre, en andas
y en volandas,
llevas, y traes, y hieres, y enamoras
sin que nadie lo sepa,
sin que nadie oiga el ruido
de tus inmensos pulsos, que desbordan.

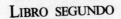

LIBRO SEGUNDO

ESPUMA

Miro la espuma, su delicadeza
que es tan distinta a la de la ceniza.
Como quien mira una sonrisa, aquella
por la que da su vida y le es fatiga
y amparo, miro ahora la modesta
espuma. Es el momento bronco y bello
del uso, el roce, el acto de la entrega
creándola. El dolor encarcelado
del mar, se salva en fibra tan ligera;
bajo la quilla, frente al dique, donde
existe amor surcado, como en tierra
la flor, nace la espuma. Y es en ella
donde rompe la muerte, en su madeja
donde el mar cobra ser, como en la cima
de su pasión el hombre es hombre, fuera
de otros negocios: en su leche viva.
A este pretil, brocal de la materia
que es manantial, no desembocadura,
me asomo ahora, cuando la marea
sube, y allí naufrago, allí me ahogo
muy silenciosamente, con entera
aceptación, ileso, renovado
en las espumas imperecederas.

151

VIENTO DE PRIMAVERA

A Winifred Grillet.

Ni aun el cuerpo resiste
tanta resurrección, y busca abrigo
ante este viento que ya templa y trae
olor, y nueva intimidad. Ya cuanto
fue hambre ahora es sustento. Y se aligera
la vida, y un destello generoso
vibra por nuestras calles. Pero sigue
turbia nuestra retina, y la saliva
seca, y los pies van a la desbandada,
como siempre. Y entonces,
esta presión fogosa que nos trae
el cuerpo aún frágil de la primavera,
ronda en torno al invierno
de nuestro corazón, buscando un sitio
por donde entrar en él. Y aquí, a la vuelta
de la esquina, al acecho,
en feraz merodeo,
nos ventea la ropa,
nos orea el trabajo,
barre la casa, engrasa nuestras puertas
duras de oscura cerrazón, las abre
a no sé qué hospitalidad hermosa
y nos desborda y, aunque
nunca nos demos cuenta
de tanta juventud, de lleno en lleno
nos arrasa. Sí, a poco
del sol salido, un viento ya gustoso,
sereno de simiente, sopló en torno
de nuestra sequedad, de la injusticia
de nuestros años, alentó para algo
más hermoso que tanta
desconfianza y tanto desaliento,

más valiente que nuestro
miedo a su honda rebelión, a su alta
resurrección. Y ahora
yo, que perdí mi libertad por todo,
quiero oír cómo el pobre
ruido de nuestro pulso se va a rastras
tras el cálido son de esta alianza
y ambos hacen la música
arrolladora, sin compás, a sordas,
por la que sé que llegará algún día,
quizá en medio de enero, en el que todos
sepamos el porqué del nombre: «viento
de primavera».

GORRIÓN

No olvida. No se aleja
este granuja astuto
de nuestra vida. Siempre
de prestado, sin rumbo,
como cualquiera, aquí anda,
se lava aquí, tozudo,
entre nuestros zapatos.
¿Qué busca en nuestro oscuro
vivir? ¿Qué amor encuentra
en nuestro pan tan duro?
Ya dio al aire a los muertos
este gorrión, que pudo
volar, pero aquí sigue,
aquí abajo, seguro,
metiendo en su pechuga
todo el polvo del mundo.

LLUVIA Y GRACIA

Desde el autobús, lleno
de labriegos, de curas y de gallos,
al llegar a Palencia,
veo a ese hombre.
Comienza a llover fuerte, casi arrecia
y no le va a dar tiempo
a refugiarse en la ciudad. Y corre
como quien asesina. Y no comprende
el castigo del agua, su sencilla
servidumbre; tan sólo estar a salvo
es lo que quiere. Por eso no sabe
que le crece como un renuevo fértil
en su respiración acelerada,
que es cebo vivo, amor ya sin remedio,
cantera rica. Y, ante la sorpresa
de tal fecundidad,
se atropella y recela;
siente, muy en lo oscuro, que está limpio
para siempre, pero él no lo resiste;
y mira, y busca, y huye,
y, al llegar a cubierto,
entra mojado y libre, y se cobija,
y respira tranquilo en su ignorancia
al ver cómo su ropa
poco a poco se seca.

GIRASOL

Esta cara bonita,
este regazo que fue flor y queda
tan pronto encinta, y yo lo quiero, y ahora
me lo arrimo, y me entra
su luminosa rotación sencilla,
su danza, que es cosecha,
por el alma esta tarde
de setiembre, de buena
ventura porque ahora tú, valiente
girasol, de tan ciega
mirada, tú me hacías mucha falta
con tu postura de perdón, tras esa
campaña soleada
de altanería, a tierra
la cabeza, vencida
por tanto grano, tan loca empresa.

MALA PUESTA

La luz entusiasmada de conquista
pierde confianza ahora,
trémula de impotencia, y no se sabe
si es de tierra o de cielo. Se despoja
de su íntima ternura
y se retira lenta.¿Qué limosna
sin regocijo? ¿Qué reposo seco
nos trae la tarde? ¿Qué misericordia
deja este sol de un grana desvaído?
¿Quién nos habló de la honda
piedad del cielo? Aún quedan
restos de la audaz forja
de la luz, pero pocas
nuevas nos vienen de la vida: un ruido,
algún olor mal amasado, esta hosca
serenidad de puesta, cuando
lejos están los campos y aún más lejos
el fuego del hogar, y esta derrota
nuestra, por cobardía o arrogancia,
por inercia o por gloria
como la de esta luz, ya sin justicia
ni rebelión, ni aurora.

DINERO

¿Venderé mis palabras, hoy que carezco de
utilidad, de ingresos, hoy que nadie me fía?
Necesito dinero para el amor, pobreza
para amar. Y el precio de un recuerdo, la subasta
de un vicio, el inventario de un deseo,
dan valor, no virtud, a mis necesidades,
amplio vocabulario a mis torpezas,
licencia a mi caliza
soledad. Porque el dinero, a veces, es el propio
sueño, es la misma
vida. Y su triunfo, su monopolio, da fervor,
cambio, imaginación, quita vejez y abre
ceños, y multiplica los amigos,
y alza faldas, y es miel
cristalizando luz, calor. No plaga, lepra
como hoy; alegría,
no frivolidad; ley,
no impunidad. ¿Voy a vender, entonces,
estas palabras? Rico de tanta pérdida,
sin maniobras, sin bolsa, aun sin tentación
y aun sin ruina dorada, ¿a qué la madriguera
de estas palabras que si dan aliento
no dan dinero? ¿Prometen pan o armas?
¿O bien, como un balance mal urdido,
intentan ordenar un tiempo de carestía,
dar sentido a una vida: propiedad o desahucio?

NIEVE EN LA NOCHE

Yo quiero ver qué arrugas
oculta esta doncella
máscara. Qué ruin tiña,
qué feroz epidemia
cela el rostro inocente
de cada copo. Escenas
sin vanidad, se cubren
con andamiajes, trémulas
escayolas, molduras
de un instante. Es la feria
de la mentira: ahora
es mediodía en plena
noche, y se cicatriza
la eterna herida abierta
de la tierra, y las casas
lucen con la cal nueva
que revoca sus pobres
fachadas verdaderas.

La nieve, tan querida
otro tiempo, nos ciega,
no da luz. Copo a copo,
como ladrón, recela
al caer. Cae temblando,
cae sin herirse apenas
con nuestras cosas diarias.
Tan sin dolor, su entrega
es crueldad. Cae, cae,
hostil al canto, lenta,
bien domada, bien dócil,
como sujeta a riendas
que nunca se aventuran
a conquistar. No riega
sino sofoca, ahoga

dando no amor, paciencia.
Y borró los caminos.
Y tú dices: «despierta,
que amanece». (Y es noche
muy noche.) Dices: «cierra,
que entra sol». Y no quiero
perder de nuevo ante esta
nevada. No, no quiero
mentirte otra vez. Tengo
que alzarle la careta
a este rostro enemigo
que me finge a mi puerta
la inocencia que vuelve
y el pie que deja huella.

FRENTE AL MAR

Desde «Las Mayoas». Ibiza.

A Carlos Bousoño.

Transparente quietud. Frente a la tierra
rojiza, desecada hasta la entraña,
con aridez que es ya calcinación,
se abre el Mediterráneo. Hay pino bajo,
sabinas, pitas, y crece el tomillo
y el fiel romero, tan austeramente
que apenas huelen si no es a salitre.
Quema la tramontana. Cae la tarde.
Verdad de sumisión, de entrega, de
destronamientos, desmoronamientos
frente al mar azul puro que en la orilla
se hace verde esmeralda. Vieja y nueva
erosión. Placas, láminas, cornisas,
acantilados y escolleras, ágil
bisel, estría, lucidez de roca
de milenaria permanencia. Aquí
la verdad de la piedra, nunca muda
sino en interna reverberación,
en estremecimiento de cosecha
perenne, dando su seguro oficio,
su secreta ternura sobria junto
al mar, que es demasiada criatura,
demasiada hermosura para el hombre.
Antiguo mar latino que hoy no canta,
dice apenas, susurra, prisionero
de su implacable poderío, con
pulsación de sofoco, sin oleaje,
casi en silencio de clarividencia
mientras el cielo se oscurece y llega,
maciza y seca, la última ocasión

para amar. Entre piedras y entre espumas,
¿qué es rendición y qué supremacía?
¿Qué nos serena, qué nos atormenta:
el mar terso o la tierra desolada?

CIUDAD DE MESETA

Como por estos sitios
tan sano aire no hay, pero no vengo
a curarme de nada.
Vengo a saber qué hazaña
vibra en la luz, qué rebelión oscura
nos arrasa hoy la vida.
Aquí ya no hay banderas,
ni murallas, ni torres, como si ahora
pudiera todo resistir el ímpetu
de la tierra, el saqueo
del cielo. Y se nos barre
la vista, es nuestro cuerpo
mercado franco, nuestra voz vivienda
y el amor y los años
puertas para uno y para mil que entrasen.
Sí, tan sin suelo siempre,
cuando hoy andamos por las viejas calles
el talón se nos tiñe
de uva nueva, y oímos
desbordar bien sé qué aguas
el rumoroso cauce del oído.

Es la alianza: este aire
montaraz, con tensión de compañía.
Y a saber qué distancia
hay de hombre a hombre, de una vida a otra,
qué planetaria dimensión separa
dos latidos, qué inmensa lejanía
hay entre dos miradas
o de la boca al beso.
¿Para qué tantos planos
sórdidos, de ciudades bien trazadas
junto a ríos, fundadas
en la separación, en el orgullo
roquero?
Jamás casas: barracas,

jamás calles: trincheras,
jamás jornal: soldada.
¿De qué ha servido tanta
plaza fuerte, hondo foso, recia almena,
amurallado cerco?
El temor, la defensa,
el interés y la venganza, el odio,
la soledad: he aquí lo que nos hizo
vivir en vecindad, no en compañía.
Tal es la cruel escena
que nos dejaron por herencia. Entonces,
¿cómo fortificar aquí la vida
si ella es solo alianza?

   Heme ante tus murallas,
fronteriza ciudad a la que siempre
el cielo sin cesar desasosiega.
Vieja ambición que ahora
sólo admira el turista o el arqueólogo
o quien gusta de timbres y blasones.
Esto no es monumento
nacional, sino luz de alta planicie,
aire fresco que riega el pulmón árido
y lo ensancha, y lo hace
total entrega renovada, patria
a campo abierto. Aquí no hay costas, mares,
norte ni sur; aquí todo es materia
de cosecha. Y si dentro
de poco llega la hora de la ida,
adiós al fuerte anillo
de aire y oro de alianza, adiós al cerro
que no es baluarte, sino compañía,
adiós a tantos hombres
hasta hoy sin rescate. Porque todo
se rinde en derredor y no hay fronteras,
ni distancia, ni historia.
Sólo el voraz espacio y el relente de octubre
sobre estos altos campos
de nuestra tierra.

LIBRO TERCERO

UN SUCESO

*Bien est verté que j'ai amé
et ameroie voulentiers...*

FRANÇOIS VILLON

Tal vez, valiendo lo que vale un día,
sea mejor que el de hoy acabe pronto.
La novedad de este suceso, de esta
muchacha, casi niña pero de ojos
bien sazonados ya y de carne a punto
de miel, de andar menudo, con su moño
castaño claro, su tobillo hendido
tan armoniosamente, con su airoso
pecho que me deslumbra más que nada
la lengua... Y no hay remedio, y le hablo ronco
como la gaviota, a flor de labio
(de mi boca gastada), y me emociono
disimulando ciencia e inocencia
como quien no distingue un abalorio
de un diamante, y le hablo de detalles
de mi vida, y la voz se me va, y me oigo
y me persigo, muy desconfiado

de mi estudiada habilidad, y pongo
cuidado en el aliento, en la mirada
y en las manos, y casi me perdono
al sentir tan preciosa libertad
cerca de mí. Bien sé que esto no es sólo
tentación. Cómo renuncio a mi deseo
ahora. Me lastimo y me sonrojo
junto a esta muchacha a la que hoy amo,
a la que hoy pierdo, a la que muy pronto
voy a besar muy castamente sin que
sepa que en ese beso va un sollozo.

EN INVIERNO ES MEJOR UN CUENTO
TRISTE

Conmigo tú no tengas
remordimiento, madre. Yo te doy lo único
que puedo darte ahora: si no amor,
sí reconciliación. Ya sé el fracaso,
la victoria que cabe
en un cuerpo. El caer, el arruinarse
de tantos años contra el pedernal
del dolor, el huir
con leyes a mansalva
que me daban razón, un cruel masaje
para alejarme de ti; historias
de dinero y de catres,
de alquileres sin tasa,
cuando todas mis horas eran horas de lobo,
cuando mi vida fue estar al acecho
de tu caída, de tu
herida, en la que puse,
si no el diente, tampoco
la lengua,
me dan hoy el tamaño
de mi pecado.

Sólo he crecido en esqueleto: mírame.
Asómate como antes
a la ventana. Tú no pienses nunca
en esa caña cruda que me irguió
hace dieciséis años. Tú ven, ven,
mira qué clara está la noche ahora,
mira que yo te quiero, que es verdad,
mira cómo donde hubo
parcelas hay llanuras,
mira a tu hijo que vuelve
sin camino y sin manta, como entonces,
a tu regazo con remordimiento.

CIELO

Ahora necesito más que nunca
mirar al cielo. Ya sin fe y sin nadie,
tras este seco mediodía, alzo
los ojos. Y es la misma verdad de antes,
aunque el testigo sea distinto. Riesgos
de una aventura sin leyendas ni ángeles,
ni siquiera ese azul que hay en mi patria.
Vale dinero respirar el aire,
alzar los ojos, ver sin recompensa,
aceptar una gracia que no cabe
en los sentidos pero les da nueva
salud, los aligera y puebla. Vale
por mi amor este don, esta hermosura
que no merezco ni merece nadie.
Hoy necesito el cielo más que nunca.
No me salve, sí que me acompañe.

AJENO

Largo se le hace el día a quien no ama
y él lo sabe. Y él oye ese tañido
corto y duro del cuerpo, su cascada
canción, siempre sonando a lejanía.
Cierra su puerta y queda bien cerrada;
sale y, por un momento, sus rodillas
se le van hacia el suelo. Pero el alba,
con peligrosa generosidad,
le refresca y le yergue. Está muy clara
su calle, y la pasea con pie oscuro,
y cojea en seguida porque anda
sólo con su fatiga. Y dice aire:
palabras muertas con su boca viva.
Prisionero por no querer, abraza
su propia soledad. Y está seguro,
más seguro que nadie porque nada
poseerá; y él bien sabe que nunca
vivirá aquí, en la tierra. A quien no ama,
¿cómo podemos conocer o cómo
perdonar? Día largo y aún más larga
la noche. Mentirá al sacar la llave.
Entrará. Y nunca habitará su casa.

HACIA UN RECUERDO

Bien sé yo cómo luce
la flor por la Sanabria,
cerca de Portugal, en tierras pobres
de producción y de consumo,
mas de gran calidad de trigo y trino.
No es el recuerdo tuyo. Hoy es tan sólo
la empresa, la aventura,
no la memoria lo que busco. Es esa
tensión de la distancia,
el fiel kilometraje. No, no quiero
la duración, la garantía de una
imagen, hoy holgada y ya mañana
fruncida. Quiero ver aquel terreno,
pisar la ruta inolvidable, oír
el canto de la luz aquella, ver
cómo el amor, las lluvias
tempranas hoy han hecho
estos lodos, vivir
esa desenvoltura de la brisa
que allí corre. No, hoy no
lucho ya con tu cuerpo
sino con el camino que a él me lleva.
Quiero que mis sentidos,
sin ti, me sigan siendo de provecho.
Entre una parada
y otra, saludar a aquellos hombres
para ver lo que soy capaz de dar
y capaz de aceptar,
para ver qué desecho
qué es lo que aún me es útil;
entrar en las ciudades, respirar
con aliento natal en ellas, sean
las que fueren. No busco
masticar esa seca

tajada del recuerdo,
comprar esa quincalla, urdir tan pobre
chapuza. Busco el sitio, la distancia,
el hormigón vibrado y tenso, la única
compañía gentil, la que reúne
tanta vida dispersa. No tan sólo
tu carne, que ahora ya arde como estopa
y de la que soy llama,
sino el calibre puro, el área misma
de tu separación y de la tierra.
De aquela tierra donde el sol madura
lo que no dura.

UN MOMENTO

Acostumbrados a los días, hechos
a su oscuro aposento palmo a palmo,
¿a qué nos viene ahora
este momento? Quién iba a esperarlo
y menos hoy, aún lunes y tan lejos
de la flor del jornal. Y, sin embargo,
más que otras veces ahora es tan sencillo
hacer amigos. Basta un gesto llano
y esta región inmensa y sin conquista
que es el hombre, hela: nuestra. Tras tanto
concierto de cuartel, he aquí la música
del corazón por un momento. Algo
luce tan de repente que nos ciega,
pero sentimos que no luce en vano.
Acostumbrados a los días, como
a la respiración, suena tan claro
este momento en nuestra sorda vida
que, ¿qué hay que hacer, si aún están los labios
sucios para besar, si aún están fríos
nuestros brazos?
¿Dónde, dónde hay que ir? ¿Fuera de casa
o aquí, aquí, techo abajo?

Ahora ya o todo o nada. De mí, de estos
amigos, de esta luz que no da abasto
para tanto vivir, de nuestros días
idos, de nuestro tiempo acribillado,
hay que sacar la huella, aunque sea un trazo
tan sólo, un manchón lóbrego
de sombrío pulgar, aunque sea al cabo
por un momento, éste de ahora, y nadie
jamás sea su amo
mientras, luz en la luz, se nos va. Y vuelve,
vuelve lo acostumbrado.

TIEMPO MEZQUINO

Hoy con el viento del Norte
me ha venido aquella historia.
Mal andaban por entonces
mis pies y peor mi boca
en aquella ciudad de hosco
censo, de miseria y de honra.
Entre la vieja costumbre
de rapiña y de lisonja,
de pobre encuesta y de saldo
barato, iba ya muy coja
mi juventud. ¿Por qué lo hice?
Me avergüenzo de mi boca
no por aquellas palabras
sino por aquella boca
que besó. ¿Qué tiempo hace
de ello? ¿Quién me lo reprocha?
Un sabor a almendra amarga
queda, un sabor a carcoma;
sabor a traición, a cuerpo
vendido, a caricia pocha.

Ojalá el tiempo tan sólo
fuera lo que se ama. Se odia
y es tiempo también. Y es canto.
Te odié entonces y hoy me importa
recordarte, verte enfrente
sin que nadie nos socorra
y amarte otra vez, y odiarte
de nuevo. Te beso ahora
y te traiciono ahora sobre
tu cuerpo. ¿Quién no negocia
con lo poco que posee?
Si ayer fue venta, hoy es compra;
mañana, arrepentimiento.
No es la sola hora la aurora.

ADIOS

Cualquier cosa valiera por mi vida
esta tarde. Cualquier cosa pequeña
si alguna hay. Martirio me es el ruido
sereno, sin escrúpulos, sin vuelta,
de tu zapato bajo. ¿Qué victorias
busca el que ama? ¿Por qué son tan derechas
estas calles? Ni miro atrás ni puedo
perderte ya de vista. Esta es la tierra
del escarmiento: hasta los amigos
dan mala información. Mi boca besa
lo que muere, y lo acepta. Y la piel misma
del labio es la del viento. Adiós. Es útil,
norma este suceso, dicen. Queda
tú con las cosas nuestras, tú, que puedes,
que yo me iré donde la noche quiera.

NOCHE ABIERTA

Bienvenida la noche para quien va seguro
y con los ojos claros mira sereno el campo,
y con la vida limpia mira con paz el cielo,
su ciudad y su casa, su familia y su obra.

Pero a quien anda a tientas y ve sombra, ve el duro
ceño del cielo y vive la condena de su tierra
y la malevolencia de sus seres queridos,
enemiga es la noche y su piedad acoso.

Y aún más en este páramo de la alta Rioja
donde se abre con tanta claridad que deslumbra,
palpita tan cercana que sobrecoge, y muy
en el alma se entra, y la remueve a fondo.

Porque la noche siempre, como el fuego, revela,
refina, pule el tiempo, la oración y el sollozo,
da tersura al pecado, limpidez al recuerdo,
castigando y salvando toda una vida entera.

Bienvenida la noche con su peligro hermoso.

COMO EL SON DE LAS HOJAS DEL ÁLAMO

El dolor verdadero no hace ruido:
deja un susurro como el de las hojas
del álamo mecidas por el viento,
un rumor entrañable, de tan honda
vibración, tan sensible al menor roce,
que puede hacerse soledad, discordia,
injusticia o despecho. Estoy oyendo
su murmurado son, que no alborota
sino que da armonía, tan buido
y sutil, tan timbrado de espaciosa
serenidad, en medio de esta tarde,
que casi es ya cordura dolorosa,
pura resignación. Traición que vino
de un ruin consejo de la seca boca
de la envidia. Es lo mismo. Estoy oyendo
lo que me obliga y me enriquece, a costa
de heridas que aún supuran. Dolor que oigo
muy recogidamente, como a fronda
mecida, sin buscar señas, palabras
o significación. Música sola,
sin enigmas, son solo que traspasa
mi corazón, dolor que es mi victoria.

UN OLOR

¿Qué clara contraseña
me ha abierto lo escondido? ¿Qué aire viene
y con delicadeza cautelosa
deja en el cuerpo su honda carga y toca
con tino vehemente ese secreto
quicio de los sentidos donde tiembla
la nueva acción, la nueva
alianza? Da dicha
y ciencia este suceso. Y da aventura
en medio de hospitales,
de bancos y autobuses, a la diaria
rutina. Ya han pasado
los años y aún no puede
pagar todas sus deudas
mi corazón. Pero ahora
este tesoro, este
olor, que es mi verdad,
que es mi alegría y mi arrepentimiento,
me madura y me alza.
Olor a sal, a cuero y a canela,
a lana burda y a pizarra; acaso
algo ácido, transido
de familiaridad y de sorpresa.
¿Qué materia ha cuajado
en la ligera ráfaga que ahora
trae lo perdido y trae
lo ganado, trae tiempo
y trae recuerdo, y trae
libertad y condena?
Gracias doy a este soplo
que huele a un cuerpo amado y a una tarde
y a una ciudad, a este aire
íntimo de erosión, que cala a fondo
y me trabaja silenciosamente
dándome aroma y tufo.
A este olor que es mi vida.

SIN LEYES

En esta cama donde el sueño es llanto,
no de reposo, sino de jornada,
nos ha llegado la alta noche. ¿El cuerpo
es la pregunta o la respuesta a tanta
dicha insegura? Tos pequeña y seca,
pulso que viene fresco ya y apaga
la vieja ceremonia de la carne
mientras no quedan gestos ni palabras
para volver a interpretar la escena
como noveles. Te amo. Es la hora mala
de la cruel cortesía. Tan presente
te tengo siempre que mi cuerpo acaba
en tu cuerpo moreno por el que una
vez más me pierdo, por el que mañana
me perderé. Como una guerra sin
héroes, como una paz sin alianzas,
ha pasado la noche. Y yo te amo.
Busco despojos, busco una medalla
rota, un trofeo vivo de este tiempo
que nos quieren robar. Estás cansada
y yo te amo. Es la hora. ¿Nuestra carne
será la recompensa, la metralla
que justifique tanta lucha pura
sin vencedores ni vencidos? Calla,
que yo te amo. Es la hora. Entra ya un trémulo
albor. Nunca la luz fue tan temprana.

AMANECIDA

Dentro de poco saldrá el sol. El viento,
aún con su fresca suavidad nocturna,
lava y aclara el sueño y da viveza,
incertidumbre a los sentidos. Nubes
de pardo ceniciento, azul turquesa,
por un momento traen quietud, levantan
la vida y engrandecen su pequeña
luz. Luz que pide, tenue y tierna, pero
venturosa, porque ama. Casi a medio
camino entre la noche y la mañana,
cuando todo me acoge, cuando hasta
mi corazón me es muy amigo, ¿cómo
puedo dudar, no bendecir el alba
si aún en mi cuerpo hay juventud y hay
en mis labios amor?

LO QUE NO ES SUEÑO

Déjame que te hable, en esta hora
de dolor, con alegres
palabras. Ya se sabe
que el escorpión, la sanguijuela, el piojo,
curan a veces. Pero tú oye, déjame
decirte que, a pesar
de tanta vida deplorable, sí,
a pesar y aun ahora
que estamos en derrota, nunca en doma,
el dolor es la nube,
la alegría, el espacio;
el dolor es el huésped,
la alegría, la casa.
Que el dolor es la miel,
símbolo de la muerte, y la alegría
es agria, seca, nueva,
lo único que tiene
verdadero sentido.
Déjame que, con vieja
sabiduría, diga:
a pesar, a pesar
de todos los pesares
y aunque sea muy dolorosa, y aunque
sea a veces inmunda, siempre, siempre
la más honda verdad es la alegría.
La que de un río turbio
hace aguas limpias,
la que hace que te diga
estas palabras tan indignas ahora,
la que nos llega como
llega la noche y llega la mañana,
como llega a la orilla
la ola:
irremediablemente.

UNA LUZ

Esta luz cobre, la que más me ayuda
en tareas de amor y de sosiego,
me saca fuerzas de flaqueza. Este
beneficio que de vicioso aliento
hace rezo, cariño de lascivia,
y alza de la ceniza llama, y da
a la sal alianza; estos minutos
que protegen, montan y ensamblan treinta
años, poniendo en ellos sombra y mimo,
perseverancia y humildad y agudo
sacrificio, esta gracia, esta hermosura,
esta tortura que me da en la cara,
luz tan mía, tan fiel siempre y tan poco
duradera, por la que sé que soy
sencillo de reseña, por la que ahora
vivo sin andamiajes, sin programas,
sin repertorios. A esta luz yo quiero,
de tan cárdena, cobre. Luz que toma
cuerpo en mí, tiempo en mí, luz que es mi vida
porque me da la vida: lo que pido
para mi amor y para mi sosiego.

UN BIEN

A veces, mal vestido un bien nos viene;
casi sin ropa, sin acento, como
de una raza bastarda. Y cuando llega
tras tantas horas deslucidas, pronto
a dar su gracia, no sabemos nunca
qué hacer, ni cómo saludar, ni cómo
distinguir su hacendoso laboreo
de nuestra poca maña. ¿Estamos sordos
a su canción tan susurrada, pobre
de notas? Quiero ver, pedirte ese oro
que cae de tus bolsillos y me paga
todo el vivir, bien que entras silencioso
en la esperanza, en el recuerdo, por
la puerta de servicio, y eres sólo
el temblor de una hoja, el dar la mano
con fe, la levadura de estos ojos
a los que tú haces ver las cosas claras,
lejanas de su muerte, sin el moho
de su destino y su misterio. Pisa
mi casa al fin, recórrela, que todo
te esperaba. Yo quiero que tu huella
pasajera, tu visitarme hermoso
no se me vayan más, como otras veces
que te volví la cara, en un otoño
cárdeno, como el de hoy, y te dejaba
morir en tus pañales luminosos.

Libro cuarto

ODA A LA NIÑEZ

I

¿Y esta es tu bienvenida,
marzo, para salir de casa alegres:
con viento húmedo y frío de meseta?
Siempre ahora, en la puerta,
y aún a pesar nuestro, vuelve, vuelve
este destino de niñez que estalla
por todas partes: en la calle, en esta
voraz respiración del día, en la
sencillez del primer humo sabroso,
en la mirada, en cada laboreo
del hombre.
Siempre así, de vencida,
sólo por miedo a tal castigo, a tal
combate, ahora hacemos
confuso vocerío por ciudades,
por fábricas, por barrios
de vecindad. Mas tras la ropa un tiemblo
nos tañe, y al salir por tantas calles
sin piedad y sin bulla
rompen claras escenas

de amanecida, y tantos
sucios ladrillos sin salud se cuecen
de intimidad de lecho y guiso. Entonces,
nada hay que nos aleje
de nuestro hondo oficio de inocencia;
entonces, ya en faena,
cruzamos esta plaza con pie nuevo
y, aun entre la ventisca, como si en junio fuera,
se abre nuestro pulmón trémulo de alba
y, como a mediodía,
ricos son nuestros ojos
de oscuro señorío.

II

Muchos hombres pasaron junto a nosotros, pero
no eran de nuestro pueblo.
Arrinconadas vidas dejan por estos barrios,
ellos, que eran el barrio sin murallas.
Miraron, y no vieron; ni verdad ni mentira
sino vacía bagatela
desearon, vivieron. Culpa ha sido
de todos el que oyesen
tan sólo el ciego pulso
de la injusticia, la sangrienta marcha
del casco frío del rencor. La puesta
del sol, fue sólo puesta
del corazón. ¿Qué hacen ahí las palmas
de esos balcones sin el blanco lazo
de nuestra honda orfandad? ¿Qué este mercado
por donde paso ahora;
los cuarteles, las fábricas, las nubes,
la vida, el aire, todo,
sin la borrasca de nuestra niñez
que alza ola para siempre?
Siempre al salir pensamos
en la distancia, nunca

en la compañía. Y cualquier sitio es bueno
para hacer amistades.
Aunque hoy es peligroso. Mucho polvo
entre los pliegues de la propaganda
hay. Cuanto antes
lleguemos al trabajo, mejor. Mala
bienvenida la tuya, marzo. Y nuestras calles,
claras como si dieran a los campos,
¿adónde dan ahora? ¿Por qué todo es infancia?
Mas ya la luz se amasa,
poco a poco enrojece; el viento templa
y en sus cosechas vibra
un grano de alianza, un cabeceo
de los inmensos pastos del futuro.

III

    Una verdad se ha dicho sin herida,
sin el negocio sucio
de las lágrimas,
con la misma ternura con que se da la nieve.
Ved que todo es infancia.
La fidelidad de la tierra,
la presencia del cielo insoportable
que se nos cuela aquí, hasta en la cazalla
mañanera, los días
que amanecen con trinos y anochecen
con gárgaras, el ruido
del autobús que por fin llega, nuestras
palabras que ahora,
al saludar, quisieran
ser panales y son
telas de araña, nuestra
violencia hereditaria,
la droga del recuerdo, la alta estafa del tiempo,
la dignidad del hombre
que hay que abrazar y hay

que ofrecer y hay
que salvar aquí mismo,
en medio de esta lluvia fría de marzo...
Ved que todo es infancia:
la verdad que es silencio para siempre.
Años de compra y venta,
hombres llenos de precios,
los pregones sin voz, las turbias bodas,
nos trajeron el miedo a la gran aventura
de nuestra raza, a la niñez. Ah, quietos,
quietos bajo ese hierro
que nos marca, y nos sana, y nos da amo.
Amo que es servidumbre, bridas que nos hermanan.

IV

Y nos lo quitarán todo
menos estas
botas de siete leguas.
Aquí, aquí, bien calzadas
en nuestros sosos pies de paso corto.
Aquí, aquí, estos zapatos
diarios, los de la ventana
del seis de enero.
Y nos lo quitarán todo
menos el traje sucio
de comunión, éste, el de siempre, el puesto.
Lo de entonces fue sueño. Fue una edad. Lo de ahora
no es presente o pasado,
ni siquiera futuro: es el origen.
Esta es la única hacienda
del hombre. Y cuando estamos
llegando y ya la lluvia
zozobra en nubes rápidas y se hunde
por estos arrabales
trémula de estertores luminosos,
bajamos la cabeza

y damos gracias sin saber qué es ello,
qué es lo que pasa, quién a sus maneras
nos hace, qué herrería,
qué inmortal fundición es esta. Y nadie,
nada hay que nos aleje
de nuestro oficio de felicidad
sin distancia ni tiempo.
Es el momento ahora
en el que, quién lo diría, alto, ciego, renace
el sol primaveral de la inocencia,
ya sin ocaso sobre nuestra tierra.

ODA A LA HOSPITALIDAD

I

En cualquier tiempo y en cualquier terreno
siempre hay un hombre que
anda tan vagabundo como el humo,
bienhechor, malhechor,
bautizado con la agria
leche de nuestras leyes. Y él encuentra
su salvación en
la hospitalidad.
Como la ropa atrae a la polilla,
como el amor a toda
su parentela de lujuria y gracia,
de temor y de dicha,
así una casa le seduce. Y no
por ser panal o ancla,
sino por ese oscuro
divorcio entre el secuestro de sus años,
la honda cautividad del tiempo ido
ahí, entre las paredes,
y su maltrecha libertad de ahora.
Forastero, ve cómo
una vieja mentira se hace una verdad nueva.
Ve el cuerpo del engaño
y lo usa: esa puerta
que, al abrirse, rechina
con cruel desconfianza, con amargo reproche;
esa ventana donde
la flor quemada del almendro aún deja
primavera, y le es muro,
y su cristal esclavitud; las tejas
ya sin musgo ni fe;
el mobiliario, de diseño tan

poco amigo; la loza
fría y rebelde, cuando
antes le fue recreo y muchas veces
hasta consuelo; el cuarto familiar
de humildad agresiva, recogiendo,
malogrando
lo que una boca muy voluble y muy
dolorosa, hace años
pronunció, silenció, besó... Esta es la lucha, este
es el tiempo, el terreno
donde él ha de vencer si es que no busca
recuerdos y esperanzas
tan sólo. Si es que busca
fundación, servidumbre.

II

Y hoy, como la lluvia
lava la hoja, esta mañana clara,
tan abrileña prematuramente,
limpia de polvo y de oropeles tanto
tiempo, y germina, y crea
casi un milagro de hechos y sucesos,
y remacha y ajusta
tanta vida ambulante, tanta fortuna y fraude
a través de los días,
purificando rostros y ciudades,
dando riqueza a una menesterosa
juventud, preparando,
situando el vivir. ¿Mas alguien puede
hacer de su pasado
simple materia de revestimiento:
cera, laca, barniz, lo que muy pronto
se marchita, tan pronto
como la flor del labio?
¿O bien ha de esperar a estar con esos
verdaderos amigos, los que darán sentido
a su vida, a su tierra y a su casa?

III

Es la hospitalidad. Es el origen
de la fiesta y del canto.
Porque el canto es tan sólo
palabra hospitalaria: la que salva
aunque deje la herida. Y el amor es tan sólo
herida hospitalaria, aunque no tenga cura;
y la libertad cabe
en una humilde mano hospitalaria,
quizá dolida y trémula
mas fundadora y fiel, tendida en servidumbre
y en confianza, no en
sumisión o dominio.
A pesar de que hagamos
de convivencia técnicas
de opresión y medidas
de seguridad, y
de la hospitalidad hospicios, siempre
hay un hombre sencillo y una mañana clara,
con la alta transparencia de esta tierra,
y una casa, y una hora
próspera. Y este hombre
ve en torno de la mesa
a sus seres queridos. No pregunta
sino invita, no enseña
vasos de pesadumbre ni vajilla de plata.
Apenas habla, y menos
de su destierro.
Lo que esperó lo encuentra
y lo celebra, lejos
el incienso y la pólvora,
aquel dinero, aquel resentimiento.
Ahora su patria es esta generosa
ocasión y, sereno,
algo medroso ante tal bien, acoge

y nombra, uno por uno,
a sus amigos sin linaje, de
nacimiento. Ya nunca
forastero, en familia,
no con docilidad, con aventura,
da las gracias muy a solas,
como mendigo. Y sabe,
comprende al fin. Y mira alegremente,
con esa intimidad de la llaneza
que es la única eficacia,
los rostros y las cosas,
la verdad de su vida
recién ganada aquí, entre las paredes
de una juventud libre y un hogar sin fronteras.

El vuelo de la celebración

I

HERIDA EN CUATRO TIEMPOS

I

AVENTURA DE UNA DESTRUCCIÓN

Cómo conozco el algodón y el hilo de esta almohada
herida por mis sueños,
sollozada y desierta,
donde crecí durante quince años.
En esta almohada desde la que mis ojos
vieron el cielo
y la pureza de la amanecida
y el resplandor nocturno
cuando el sudor, ladrón muy huérfano, y el fruto trans-
                                                    [parente
de mi inocencia, y la germinación del cuerpo
eran ya casi bienaventuranza.

La cama temblorosa
donde la pesadilla se hizo carne,
donde fue fértil la respiración,
audaz como la lluvia,
con su tejido luminoso y sin ceniza alguna.

Y mi cama fue nido
y ahora es alimaña;

ya su madera sin barniz, oscura,
sin amparo.

No volveré a dormir en este daño, en esta
ruina,
arropado entre escombros, sin embozo,
sin amor ni familia,
entre la escoria viva.
Y al mismo tiempo quiero calentarme
en ella, ver
cómo amanece, cómo
la luz me da en mi cara, aquí, en mi cama.
La vuestra, padre mío, madre mía,
hermanos míos,
donde mi salvación fue vuestra muerte.

II

El tiempo está entre tus manos:
tócalo, tócalo. Ahora anochece y hay
pus en el olor del cuerpo, hay alta marea
en el mar del dormir, y el surco abierto
entre las sábanas.
la cruz de las pestañas
a punto de caer, los labios hasta el cielo del techo,
hasta la melodía de la espiga,
hasta esta lámpara de un azul ya pálido,
en este cuarto que se me va alzando
con la ventana sin piedad,
maldita y olorosa, traspasada de estrellas.
Y en mis ojos la estrella, aquí, doliéndome,
ciñéndome, habitándome astuta
en la noche de la respiración, en el otoño claro
de la amapola del párpado,
en las agujas del pinar del sueño.

Las calles, los almendros,
algunos de hoja malva,
otros de floración tardía frente
a la soledad del puente
donde se hila la luz entre los ojos
tempranos para odiar. Y pasa el agua
nunca tardía para amar del Duero,
emocionada y lenta,
quemando infancia.
¿Qué hago con mi sudor, con estos años
sin dinero y sin riego,
sin perfidia siquiera ahora en mi cama?
¿Y volveré a soñar
esta pesadilla? Tú estate quieto, quieto.

Pon la cabeza alta y pon las manos
en la nuca. Y sobre todo ve
que amanece, aún aquí,
en el rincón del uso de tus sueños,
junto al delito de la oscuridad,
junto al almendro. Qué bien sé su sombra.

III

¿Y está la herida ya sin su hondo pétalo,
sin tibieza,
sino fecunda con su mismo polen,
cosida a mano, casi como un suspiro,
con el veneno de su melodía,
con el recogimiento de su fruto,
consolando, arropando
mi vida?

Ella me abraza. Y basta.
Pero no pasa nada.
No es lo de siempre, no es mi amor en venta,
la desnudez de mi deseo, ni
el dolor inocente, sin ventajas,
ni el sacrificio de lo que se cotiza,
ni el despoblado de la luz, ni apenas
el tallo hueco,
nudoso, como el de la avena, de
la injusticia. No,
no es el color canela
de la flaqueza de los maliciosos,
ni el desencanto de los desdichados,
ni el esqueleto en flor,
rumoroso, del odio. Ni siquiera la vieja
boca del rito
de la violencia.

Aún no hay sudor, sino desenvoltura;
aún no hay amor, sino las pobres cuentas
del engaño vacío.
Sin rendijas ni vendas

vienes tú, herida mía, con tanta noche entera,
muy caminada,
sin poderte abrazar. Y tú me abrazas.

Cómo me está dañando la mirada
al entrar tan a oscuras en el día.
Cómo el olor del cielo,
la luz hoy cruda, amarga,
de la ciudad, me sanan
la herida que supura con su aliento
y con su podredumbre,
asombrada y esbelta,
y sin sus labios ya,
hablando a solas con sus cicatrices
muy seguras, sin eco,
hacia el destino, tan madrugador,
hasta llegar a la gangrena.
                    Pero
la renovada aparición del viento,
mudo en su claridad,
orea la retama de esta herida que nunca
se cierra a oscuras.
Herida mía, abrázame. Y descansa.

IV

¿Cómo el dolor, tan limpio y tan templado,
el dolor inocente, que es el mayor misterio,
se me está yendo?
Ha sido poco a poco,
con la sutura de la soledad
y el espacio sin trampa, sin rutina
de tu muerte y la mía.
Pero suena tu alma, y está el nido
aquí, en el ataúd,
con luz muy suave.

Te has ido. No te vayas. Tú me has dado la mano.
No te irás. Tú, perdona, vida mía,
hermana mía,
que esté sonando el aire
a ti, que no haya techos
ni haya ventanas con amor al viento,
que el soborno del cielo traicionero
no entre en tu juventud, en tu tan blanca,
vil muerte.
Y que tu asesinato
espere mi venganza, y que nos salve.
porque tú eres la almendra
dentro del ataúd. Siempre madura.

ARENA

La arena, tan desnuda y tan desamparada,
tan acosada,
nunca embustera, ágil,
con su sumisa libertad sin luto,
me está lavando ahora.

La vanagloria oscura de la piedra
hela aquí: entre la yema
de mis dedos,
con el susurro de su despedida
y con su olor a ala tempranera.

Vuela tú, vuela,
pequeña arena mía,
canta en mi cuerpo, en cada poro, entra
en mi vida, por favor, ahora que necesito
tu cadencia, ya muy latiendo en luz,
con el misterio de la melodía
de tu serenidad,
de tu honda ternura.

SOMBRA DE LA AMAPOLA

Antes de que la luz llegue a su ansia
muy de mañana,
de que el pétalo se haga
voz de niñez,
vivo tu sombra alzada y sorprendida
de humildad, nunca oscura,
con sal y azúcar,
con su trino hacia el cielo,
herida y conmovida a ras de tierra.

Junto a la hierbabuena,
este pequeño nido
que está temblando, que está acariciando
el campo, dentro casi
del surco,
amapola sin humo,
tú, con tu sombra, sin desesperanza,
estás acompañando
mi olvido sin semilla.
Te estoy acompañando.
No estás sola.

AMARRAS

A Juan Carlos y Amparo Molero.

Cómo se trenza y cómo nos acoge
el nervio, la cintura de la cuerda,
tan íntima de sal,
y con esta firmeza temblando de aventura,
bien hilada, en el puerto. Está la fibra
del esparto muy dura y muy templada,
algo oxidada. Hay marea baja.
Bonanza. Y el yodo en cada hebra,
donde el sudor de manos,
entre el olor de las escamas, ciñe
el rumbo, y el silencio del salitre,
en cada nudo.

Tiembla el cordaje sin zozobra en
el pretil del muelle,
cuando mi vida se ata sin rotura,
ya sin retorno al fin y toca fondo.
Pero qué importa ya. Y está la fibra
del esparto muy dura y muy segura,
sin la palpitación de marejada,
del oleaje sucio, de la espuma
del destino.
Pero qué importa ya. Y está la cuerda
tensa y herida.
¿Y dónde, dónde la oración del mar
y su blasfemia?

CIRUELO SILVESTRE

Y delicadamente
me estás robando hasta el recién cultivo
de la mirada, pura
canción, árbol mío,
tú nunca prisionero o traicionero.
Hojas color de cresta
de gallo,
ramas con el reposo estremecido
de un abril prematuro,
con la savia armoniosa que besa y que fecunda,
y pide, y me comprende
en cada nervio de la hoja, en cada
rico secuestro,
en cada fugitiva reverberación.

Cuando llegue el otoño, con rescate y silencio,
tú no marchitarás.
Aquí, en la plaza,
junto a tu sombra nunca demacrada,
respiro sin esquinas,
siempre hacia el alba
porque tú, tan sencillo,
me das secreto y cuánta compañía:
en una hoja el resplandor del cielo.

BALLET DEL PAPEL

A Francisco Brines

... Y va el papel volando
con vuelo bajo a veces, otras con aleteo
sagaz, a media ala,
con la celeridad tan musical,
de rapiña,
del halcón, ahora aquí, por esta calle,
cuando la tarde cae y se avecina
el viento del oeste,
aún muy sereno, y con él el enjambre
y la cadencia de la miel, tan fiel,
la entraña de la danza:
las suaves cabriolas de una hoja de periódico,
las piruetas de un papel de estraza,
las siluetas de las servilletas de papel de seda,
y el cartón con pies bobos.
Todos los envoltorios
con cuerpo ágil, tan libre y tan usado,
bailando todavía este momento,
con la soltura de su soledad,
antes de arrodillarse en el asfalto.

Va anocheciendo. El viento huele a lluvia
y su compás se altera. Y vivo la armonía,
ya fugitiva,
del pulso del papel bajo las nubes
grosella oscuro,
casi emprendiendo el vuelo,
tan sediento y meciéndose,
siempre abiertas las alas
sin destino, sin nido,
junto al ladrillo al lado, muy cercano
de mi niñez perdida y ahora recién ganada

tan delicadamente, gracias a este rocío
de estos papeles, que se van de puntillas,
ligeros y descalzos,
con sonrisa y con mancha.
Adiós, y buena suerte. Buena suerte.

LAGRIMA

Cuando el sollozo llega hasta esta lágrima,
lágrima nueva que eres vida y caes,
estás cayendo y nunca caes del todo,
pero me asciendes hasta mi dolor,
tú, que eres tan pequeña
y amiga, y silenciosa,
de armoniosa amargura.
Con tu sabor preciso me modelas,
con tu sal que me llega hasta la boca
que ya no dice nada porque todo lo has dicho.

Lo has dicho tú, agua abierta.
Y este certero engaño
de la mirada,
transfigurada por tu transparencia
me da confianza y arrepentimiento.
Estás en mí, con tu agua
que poco a poco hace feraz el llanto.

PERRO DE POETA

A «Sirio», que acompañó a
Vicente Aleixandre

A ti, que acariciaste
el destello infinito del traje humano cuando
dentro de él bulle el poema.
A ti, de rumboso bautizo,
que con azul saliva y lengua zalamera
lamiste frescos pulsos trémulos de altas bridas,
unas manos creadoras, con mimo de sal siempre,
ahora que recuerdo
años de amistad limpia
te silbo. ¿Me conoces?
Fue hace seis años, cuando
mi cadena era de aire, como la que tu amo
te puso en el jardín. Os mirabais, pisabais
tú su región inmensa y sin murallas,
él tu reino sin huellas.
¿Quién era el servidor? ¿Quién era el amo?
Nadie lo sabrá nunca
pero el ver las miradas era alegre.
Un buen día, atizado por todas las golondrinas del
                              mundo
hasta ponerlo al rojo,
callaste para aullar eterno aullido.
No ladraste a los niños ni a los pobres
sino a los malos poetas, cuyo tufo
olías desde lejos, fino rastreador.
Quizá fueron sus hijos
quienes en esa hora de juerga ruin, colgaron
de tu rabo,
de tu hondo corazón asustadizo
la ruidosa hojalata cruel e impresa
de sus vendidos padres. Fue lo mismo.

Callaste. Pero ahora
vuelvo a jugar contigo desde esta sucia niebla
con la que el aire limpio de nuestro Guadarrama
haría un sol de julio, junto con tus amigos,
viendo sobre tu lomo la mano leal, curtida,
y te silbo, y te hablo, y acaricio
tu pura casta, tu ofrecida vida
ya para siempre, «Sirio»
buen amigo del hombre
compañero del poeta, estrella que allá brillas
con encendidas fauces
en las que hoy meto al fin, sin miedo, entera,
esta mano mordida por tu recuerdo hermoso.

UN VIENTO

Dejad que el viento me traspase el cuerpo
y lo ilumine. Viento sur, salino,
muy soleado y muy recién lavado
de intimidad y redención, y de
impaciencia. Entra, entra en mi lumbre,
ábreme ese camino
nunca sabido: el de la claridad.
Suena con sed de espacio,
viento de junio, tan intenso y libre
que la respiración, que ahora es deseo,
me salve. Ven,
conocimiento mío, a través de
tanta materia deslumbrada por tu honda
gracia.
Cuán a fondo me asaltas y me enseñas
a vivir, a olvidar,
tú, con tu clara música.
Y cómo alzas mi vida
muy silenciosamente,
muy de mañana y amorosamente
con esa puerta luminosa y cierta
que se me abre serena
porque contigo no me importa nunca
que algo me nuble el alma.

II

CANTATA DEL MIEDO

I

Es el tiempo, es el miedo
los que más nos enseñan
nuestra miseria y nuestra riqueza.
Miedo encima de un cuerpo,
miedo a perderlo,
el miedo boca a boca.
Miedo al ver esta tierra
vieja y rojiza, como tantas veces,
metiendo en ella el ritmo de mi vida,
desandado lo andado,
desde Logroño a Burgos. Para que no huya,
para que no descanse y no me atreva
a declarar mi amor palpable, para
que ahora no huela
el estremecimiento, que es casi inocencia,
del humo de esas
hogueras de este otoño,
vienes tú, miedo mío, amigo mío,
con tu boca cerrada,
con tus manos tan acariciadoras,
con tu modo de andar emocionado,

enamorado, como si te arrimaras
en vez de irte.

Quiero verte la cara
con tu nariz lasciva,
y tu frente serena, sin arrugas,
agua rebelde y fría,
y tus estrechos ojos muy negros y redondos,
como los de la gente de estas tierras.

Pequeño de estatura, como todos los santos,
algo caído de hombros y menudo
de voz, de brazos cortos, infantiles,
zurdo,
con traje a rayas, siempre muy de domingo,
de milagrosos gestos y de manos
de tamaño voraz.

Qué importa tu figura
si estás conmigo ahora respirando, temblando
con el viento del Este.
Y es que en él hallaríamos el suspiro inocente,
el poderío de las sensaciones,
la cosecha de la alegría junto a la
del desaliento.

II

Es el miedo, es el miedo.
Ciego guiando a otro ciego,
miedo que es el origen de la desconfianza,
de la maldad, pérdida de la fe,
burla y almena. Sí, la peor cuña:
la de la misma madera. Mas también es arcilla
mejorando la tierra.

Coge este vaso de agua y en él lo sentirás
porque el agua da miedo al contemplarla,

sobre todo al beberla, tan sencilla
y temerosa y misteriosa, y nueva, siempre.
Toca este cuerpo de mujer, y
temblarás, al besarlo sobre todo,
porque el cuerpo da miedo al contemplarlo
y aún más si se le ama, por tan desconocido.
Y aún más si se entra en él y en él se oye
la disciplina de las estrellas,
ahí, en el sobaco sudoroso,
en los lunares centellenates junto
al sexo.
Abre esa puerta, ciérrala:
ahí, en sus goznes, hallarás tu vida
que hoy es audacia y no,
como otras veces, cobardía ante
el estéril recuerdo y el olvido,
tan adulador.
Anda por esas calles
cuando está amaneciendo y cuando el viento
presagia lluvia, muy acompañado
de esta grisácea luz pobre de miembros
y que aún nos sobrecoge
y da profundidad a la respiración.

¿Nunca secará el sol
lo que siempre pusimos
al aire: nuestro miedo,
nuestro pequeño amor?

Tan poderoso como la esperanza
o el recuerdo, es el miedo,
no sé si oscuro o luminoso, pero
nivelando, aplomando, remontando
nuestra vida.

III

Vamos, amigo mío, miedo mío.
Mentiroso como los pecadores,
ten valor, ten valor.
Intenta seducirme
con dinero, con gestos,
con tu gracia acuciante en las esquinas
buscando ese sombrío y fervoroso
beso,
ese abrazo sin goce,
la cama que separa, como el lino,
la caña de la fibra.
Quiero verte las lágrimas,
aunque sean de sidra o de vinagre,
nunca de miel doméstica.
Quiero verte las lágrimas
y quiero ver las mías,
estas de ahora cuando te desprecio
y te canto,
cuando te veo con tal claridad
que siento tu latido que me hiere,
me acosa, me susurra, y casi me domina,
y me cura de ti, de ti, de ti.

                          Perdón, porque tú eres
amigo mío, compañero mío.
Tú, viejo y maldito cómplice.
¿El menos traicionero?

ELEGÍA DESDE SIMANCAS

(Hacia la Historia)

I

Ya bien mediado abril, cuando la luz no acaba
nunca,
y menos aún de noche,
noche tan de alba que nos resucita,
y nos camina
desde esta piedra bien pulimentada,
respiramos la historia, aquí, en Simancas.
Y se va iluminando
la curva de los muebles,
las fibras de papel ardiendo en la peña madre,
el ábside de los pergaminos,
la bóveda de las letras. Y los nombres cantando
con dolor, con mentira, con perjurio,
con sus resabios de codicia y de
pestilencia y amor. Y se va alzando
el cristal, donde un nuevo recocido
limpia sus poros y moldea a fondo
su trasparencia, junto a las encinas
en alabanza con su sombra abierta.

La corteza del pan, que ahora está en manos
de la mañana,
y la miga que suena
a campana
nos aclaran, serenan,
aún ocultando la mirada ocre
de la envidia,
el hombro de la soberbia, los labios secos de la
[injusticia,
la cal de sosa, el polvo del deseo,
con un silencio que estremece y dura
entre las vértebras de la historia, en la hoja
caduca y traspasada en cada vena
por la luz que acompaña
y ciega, y purifica el tiempo
sobre estos campos, con su ciencia íntima,
bajo este cielo que es sabiduría.

II

Nunca de retirada, y menos aún de noche,
alta de sienes,
tan sencilla, amasada
en la cornisa de la media luz,
entre las rejas del conocimiento,
en la palpitación del alma,
llega la amanecida.
Y el resplandor se abre
dando vuelo a la sombra.

Como lince de caza en la ladera,
al acecho, mirando casi con su hocico,
como el milano real o la corneja
cenicienta, en el tiempo
de invernada, así vienen ahora
la rapacidad, el beso,

la imagen de los siglos,
la de mi misma vida.
                    Hay nidos
de palomas, y halcones
ahí, en las torres, mientras canta el gallo
en el altar, y pica
la camisa ofrecida y humilde y en volandas
en la orilla derecha del Pisuerga.
¿No ha sucedido nada o todo ha sucedido?
Aire que nos acunas
y que nunca nos dejas
marchitar porque arropas
de mil maneras,
tan seguro y audaz, desde los coros
del pulmón,
hasta la comisura de los labios,
ven tú. Eres todo.

III

La historia no es siquiera
un suspiro,
ni una lágrima pura o carcomida
o engañosa: quizá una carcajada.
Pero aquí está el sudor
y el llanto, aquí, al abrigo
de la lana y el cuero repujado,
en la seda, el esparto,
en la humildad del sebo,
en la armonía de la harina,
en la saliva en flor, lamida y escupida
y pidiendo
pulpa de dátil o un amor cobarde
en las ciudades esperando el tráfico.
Estoy entre las calles
vivas de las palabras: muchas se ven escritas,

finas como el coral,
color rojizo oscuro,
en manuscritos; otras
batiendo alas en tantas paredes,
dichas a pleno labio,
mientras tú estás enfrente, cielo mío,
y no me das reposo. Calla, calla.
Aquí ya no hay historia ni siquiera leyenda;
sólo tiempo hecho canto
y luz que abre los brazos recién crucificada
bajo este cielo siempre en mediodía.

Colección Letras Hispánicas

DE PRÓXIMA APARICIÓN